Kohlhammer

Die Autoren

Dr. med. Sebastian Euler, Facharzt für Psychiatrie und Psychotherapie, Zusatzbezeichnung Psychosomatische und Psychosoziale Medizin (SAPPM), Psychoanalytischer Psychotherapeut (EFPP) und Gruppenanalytiker (D3G), ist Ärztlicher Leiter der Konsiliar- und Liaisonpsychiatrie in der Klinik für Konsiliarpsychiatrie und Psychosomatik am Universitätsspital Zürich (USZ) sowie Senior Research Fellow am University College of London (UCL) bei Peter Fonagy. Er ist zertifizierter MBT-Supervisor und als Dozent für MBT im gesamten deutschsprachigen Raum tätig.

Prof. Dr. med. Marc Walter, Facharzt für Psychiatrie und Psychotherapie, Facharzt für Psychosomatische Medizin und Psychotherapie, Psychoanalytischer Psychotherapeut (EFPP), ist Chefarzt und stv. Direktor der Klinik für Erwachsene an den Universitären Psychiatrischen Kliniken (UPK) Basel. Er ist Autor zahlreicher Publikationen über Persönlichkeitsstörungen und Psychotherapie.

Sebastian Euler
Marc Walter

Mentalisierungsbasierte Psychotherapie (MBT)

Mit einem Geleitwort
von Anthony W. Bateman

2., aktualisierte Auflage

Verlag W. Kohlhammer

2., aktualisierte Auflage 2020

Gesamtherstellung: W. Kohlhammer GmbH, Heßbrühlstr. 69, 70565 Stuttgart
produktsicherheit@kohlhammer.de

Print:
ISBN 978-3-17-038695-2

E-Book-Formate:
pdf: ISBN 978-3-17-038696-9
epub: ISBN 978-3-17-038697-6
mobi: ISBN 978-3-17-038698-3

Geleitwort zur Reihe

Die Psychotherapie hat sich in den letzten Jahrzehnten deutlich gewandelt: In den anerkannten Psychotherapieverfahren wurde das Spektrum an Behandlungsansätzen und -methoden extrem erweitert. Diese Methoden sind weitgehend auch empirisch abgesichert und evidenzbasiert. Dazu gibt es erkennbare Tendenzen der Integration von psychotherapeutischen Ansätzen, die sich manchmal ohnehin nicht immer eindeutig einem spezifischen Verfahren zuordnen lassen.

Konsequenz dieser Veränderungen ist, dass es kaum noch möglich ist, die Theorie eines psychotherapeutischen Verfahrens und deren Umsetzung in einem exklusiven Lehrbuch darzustellen. Vielmehr wird es auch den Bedürfnissen von Praktikern und Personen in Aus- und Weiterbildung entsprechen, sich spezifisch und komprimiert Informationen über bestimmte Ansätze und Fragestellungen in der Psychotherapie zu beschaffen. Diesen Bedürfnissen soll die Buchreihe »Psychotherapie kompakt« entgegenkommen.

Die von uns herausgegebene neue Buchreihe verfolgt den Anspruch, einen systematisch angelegten und gleichermaßen klinisch wie empirisch ausgerichteten Überblick über die manchmal kaum noch überschaubare Vielzahl aktueller psychotherapeutischer Techniken und Methoden zu geben. Die Reihe orientiert sich an den wissenschaftlich fundierten Verfahren, also der Psychodynamischen Psychotherapie, der Verhaltenstherapie, der Humanistischen und der Systemischen Therapie, wobei auch Methoden dargestellt werden, die weniger durch ihre empirische, sondern durch ihre klinische Evidenz Verbreitung gefunden haben. Die einzelnen Bände werden, soweit möglich, einer vorgegeben inneren Struktur folgen, die als zentrale Merkmale die Geschichte und Entwicklung des Ansatzes, die Verbindung zu anderen Methoden, die empirische und klinische Evidenz, die Kernelemente von Diagnostik und Therapie sowie Fallbeispiele umfasst. Darüber hinaus möchten wir uns mit verfahrensübergreifenden Querschnittsthemen befassen, die u. a. Fragestellungen der Diagnostik, der verschiedenen Rahmenbedingungen, Settings, der Psychotherapieforschung und der Supervision enthalten.

Harald J. Freyberger (Stralsund/Greifswald)
Rita Rosner (Eichstätt-Ingolstadt)
Günter H. Seidler (Dossenheim/Heidelberg)
Rolf-Dieter Stieglitz (Basel)
Bernhard Strauß (Jena)

Geleitwort

von Anthony W. Bateman

Im Lauf des vergangenen Jahrzehnts gab es ein wachsendes Interesse an Mentalisieren und Mentalisierungsbasierter Therapie (MBT). Dies rührt zum Teil daher, dass Mentalisieren – also die menschliche Fähigkeit, Handlungen von anderen und uns selbst bezogen auf zugrundeliegende mentale Zustände zu verstehen – seine Grundlagen in der Entwicklungs- und Sozialpsychologie sowie Neurobiologie hat. Folglich wurde dieses Konzept in einer Vielzahl an Bereichen untersucht, u. a. der Mutter-Kind-Beziehung, der Dynamik von Paaren und Familien, der Bestimmung von Meilensteinen der Entwicklung wie z. B. dem Übergang von Kindheit zu Jugend sowie in der Entwicklung von Persönlichkeitsstörungen.

Mentalisieren ist ein kognitiver Prozess höherer Ordnung. Höhere kognitive Funktionen (higher-order cognition/HOC) beziehen sich auf Informationsverarbeitungsmechanismen, die nicht auf einem statischen, fest definierten Zusammenspiel von spezialisierten Gehirnregionen und bestimmten neuroanatomischen Verbindungen beruhen. Höhere kognitive Funktionen beruhen auf der Optimierung neuraler Ressourcen und dem Erschaffen von Verbindungen zwischen Verarbeitungssystemen. Ob wir nun höhere kognitive Funktionen als reflexive Funktion, Mentalisieren, soziale Kognition, Metakognition oder Achtsamkeit beschreiben: Das zentrale Unterscheidungsmerkmal all dieser hypothetischen Konstrukte ist, dass sie eine Vorstellung von der Gehirnstruktur als Hierarchie von Abstraktionsschichten und einen Top-Down-Einfluss auf niedrigere Ordnungen dieser neuronalen Pyramide zugrundelegen. In dieser Konzeptualisierung wird angenommen, dass das Gehirn als eine Art Code-Interpret funktioniert und die Konstrukte höherer Ordnung wie Mentalisieren an einer Art virtuellem Arbeitsplatz erscheinen. Evolutionär betrachtet könnten höhere kognitive Funktionen tatsächlich dazu da sein, angesichts eines potentiell drohenden strukturellen Schadens der neuronalen Architektur einen gewissen Grad an Belastbarkeit zu liefern. Höhere kognitive Funktionen haben die Fähigkeit, Prozesse im Gehirn neu zu arrangieren und ungeachtet widriger Bedingungen einen Regelbetrieb (»business as usual«) zu gewährleisten. Denkt man an Handlungen als Ausdruck von Gedanken und Gefühlen oder an die Fähigkeit, psychologischen Herausforderungen auf Grundlage psychologischen Wissens zu begegnen, oder daran, Impulse als »eben nur Gedanken« zu bezeichnen, die nicht ausagiert, sondern, im Gegenteil, ernsthaft und bedacht erwogen werden müssen, dann sind das Beispiele dieser höheren Mentalisierungsfähigkeit. Diese Auffassung beschreibt Mentalisierung nicht als einen vollkommen stabilen, konsistenten oder eindimensionalen Prozess. Nicht alle von uns sind fähig, in denselben Umständen im gleichen Ausmaß zu mentalisieren; viele von uns haben Stärken oder Schwächen in gewissen Aspekten des Mentalisierens, und die meisten von uns haben unter Stress oder bei Angst eher Schwierigkeiten zu mentalisieren. Uns allen passiert es, dass wir uns entsprechend der von uns angenommenen »falschen« Vorstellungen über die mentalen Zustände von anderen verhalten, was täglich zu Missverständnissen, Schwierigkeiten und gesellschaftlichen Fauxpas führt.

Mentalisieren ist kein Alles-oder-Nichts-Phänomen. Es erstreckt sich von vollem, effektivem Mentalisieren über ineffektives Mentalisieren bis hin zu fehlendem Mentalisieren. Im täglichen Leben schwankt dies bei Menschen. Die Neurowissenschaften haben vier unterschiedliche Komponenten des Mentalisierens identifiziert, die in eigenen Dimensionen organisiert sind. Für Therapeuten ist es in Ihrer klinischen Praxis der MBT hilfreich, diese vier Dimensionen zu identifizieren. Diese sind: automatisches vs. kontrolliertes Mentalisieren; Mentalisieren des Selbst vs. Mentalisieren der anderen; nach innen fokussiertes vs. nach außen fokussiertes Mentalisieren; kognitives vs. affektives Mentalisieren. Dabei handelt es sich nicht um Dimensionen im üblichen Wortsinn; sie bilden Paare auf Grundlage ihres gemeinsamen Funktionierens als höhere kognitive Funktionen. Um effektiv zu mentalisieren, muss ein Individuum nicht nur fähig sein, eine Balance zwischen diesen Mentalisierungsdimensionen aufrecht zu erhalten, sondern auch, diese angemessen zum jeweiligen Kontext anzuwenden. Eine dauerhafte Bevorzugung der einen oder anderen Seite (oder des ein oder anderen Pols) dieser Dimensionen führt zu einem verzerrten Verständnis mentaler Zustände von einem selbst oder der anderen, was zu tiefgreifenden sozialen und emotionalen Schwierigkeiten führt.

Üblicherweise wird eine Seite von einer oder mehreren Dimensionen vernachlässigt und folglich dominiert dann der entgegengesetzte Pol die soziale Kognition – beispielsweise entsteht exzessiv emotionales Denken bei Abwesenheit von kognitivem Mentalisieren; klinisch scheint der Patient vom affektiven Prozess und emotional getriebenen Entscheidungen bestimmt. Jedoch liegt das Problem im Verlust des Kognitionsverarbeitungssystems. Bei einem anderen Patienten ist das subjektive Erfahren von Selbst-Zuständen beeinträchtigt, der Einfluss von anderen ist beherrschend und das Individuum wird anfällig dafür, ausgenutzt zu werden. Auf der Grundlage unterschiedlicher Beeinträchtigungs-Profile entlang der vier Dimensionen können verschiedene Typen der Psychopathologie unterschieden werden. In anderen Worten: Persönlichkeitsstörungen und zu einem gewissen Grad auch andere psychische Störungen können verstanden werden als unterschiedlich charakterisierte Mentalisierungsprofile. Daher ist es für eine effektive psychotherapeutische Intervention essentiell, auf die Stabilität des Mentalisierens zu fokussieren.

Die Mentalisierungsbasierte Therapie wurzelt in demselben theoretischen Bezugsrahmen wie Mentalisieren und bestimmt spezifische therapeutische Techniken, die die Mentalisierungsfähigkeit fördern sollen. MBT kommt in der Behandlung einer Vielzahl an Störungen zum Einsatz, z. B. Essstörungen, Traumafolgestörungen, Drogenabhängigkeit, allerdings wurden die Techniken primär in Form einer kohärenten Intervention in der Behandlung von Borderline-Persönlichkeitsstörungen in der Publikation »Mentalization Based Treatment for Borderline Personality Disorder: A Practical Guide« von 2006 und später nochmal 2016 zusammengefasst. MBT für Borderline-Persönlichkeitsstörungen ist neuartig in der Hinsicht, in der die Komponenten verwoben wurden und in der recht beharrlichen Weise, in der der Therapeut versucht, Mentalisieren zu fördern. Letzteres bleibt der wichtigste Faktor, der Mentalisierungstherapien von anderen Psychotherapien unterscheidet. Das Ziel der Mentalisierungstherapien ist es, den Mentalisierungsprozess des Patienten zu verbessern, ungeachtet des Kontexts, in dem die Therapie stattfindet. Der Mentalisierungstherapeut verwendet keine kognitive Umstrukturierung, er will keine Einsichten liefern und er versucht nicht, direkte Verhaltensänderungen zu bewirken. Der Fokus liegt auf dem Mentalisierungsprozess. Es wäre falsch zu sagen, dass kognitive und Verhaltensänderungen in der MBT nicht passieren oder dass Patienten in der MBT nicht zugrundeliegende Bedeutungen erkennen oder Gründe identifizieren könnten, warum sie sind, wie sie sind. Es ist nachgewiesen, dass dies passiert, jedoch passieren die Veränderungen als Begleiterscheinung, als Epiphänomen. Sie resultieren aus der Entwicklung einer robusteren Mentalisierungskapazität.

Schließlich ist es wichtig zu erkennen, dass MBT sich aus der Erkenntnis heraus entwickelte, dass die Behandlungsresultate von unmodifizierter psychodynamischer Psychotherapie und kognitiver Verhaltenstherapie bei Borderline-Patienten unzureichend waren. Ein verändertes Verständnis der Störung in Verbindung mit einer Therapie, die auf die zugrundeliegende Pathologie abzielt, schien notwendig. Mentalisierung und MBT haben beides geliefert. Doch diese Entwicklung ist noch nicht abgeschlossen. Es bleibt viel zu lernen. MBT hat sich im Lauf der Zeit verändert, entsprechend neuer Evidenz und einem besseren Verständnis des Mentalisierungsprozesses, und sie wird sich weiterhin verändern.

Unterdessen liefert dieses Buch von Sebastian Euler und Marc Walter eine exzellente Zusammenfassung des gegenwärtigen Wissensstands und umreißt das theoretische Rahmengerüst. Seine Lektüre sei besonders empfohlen, da es über die alltägliche klinische Praxis berichtet und illustriert, wie bestimmte Mentalisierungstechniken bei Patienten anzuwenden sind.

Anthony W. Bateman
London, Dezember 2017

Dank

Wir danken Hannah Lindenmeyer und Silvia Bischoff für die Unterstützung bei der redaktionellen Bearbeitung des Manuskripts. Ulrich Schultz-Venrath möchten wir für den fruchtbaren Erstkontakt mit MBT danken. Er hat das Potential der Methode hervorragend vermittelt, unser Interesse für die weitere Vertiefung in der Auseinandersetzung und Anwendung der Methode geweckt und uns besonders in den Anfängen dabei kollegial begleitet. Unser Dank geht auch an Anthony Bateman und Peter Fonagy für die ständige und gewinnbringende Weiterentwicklung des Modells und ihre stetige Bereitschaft zum persönlichen fachlichen Austausch. Unser Dank gilt darüber hinaus Martin Debanné für seine präzise supervisorische Evaluation unserer Arbeit sowie Svenja Taubner und Almut Zeeck für die Möglichkeit der universitären Kooperationen hinsichtlich Forschung und Anwendung der MBT im deutschsprachigen Bereich. Nicht zuletzt möchten wir allen Patientinnen und Patienten danken, die es uns ermöglicht haben, die Methode »step by step« zu erlernen. Wir bitten um Nachsehen, dass nicht all unsere Interventionen von Anfang an »kontingent« und »gut genug« gewesen sein mögen. Medizinisch, psychiatrisch und psychodynamisch sozialisiert, mussten wir erst wieder lernen, konsequent eine »nicht-wissende Haltung« einzunehmen und »mit der Realität zu spielen«.

Sebastian Euler und Marc Walter
Basel, im März 2018

Inhalt

1 Ursprung und Entwicklung des Verfahrens

1.1 Mentalisieren

Der Begriff Mentalisierung (»mentalization«) wurde in seiner aktuellen Verwendung 1991 zuerst von Peter Fonagy verwendet (Fonagy, 1991). Die Begriffe Mentalisierung und Mentalisieren (»mentalizing«) werden synonym gebraucht, wobei Mentalisieren den prozeduralen Charakter besser beschreibt. Fonagy bezog sich bei der Begriffsdefinition einerseits auf den Begriff der »Mentalisation« von Pierre Marty, einem französischen Psychoanalytiker, der den Begriff in den 1960er Jahren eingeführt hatte, um psychosomatische Störungen zu beschreiben. Bei Patienten mit somatoformen Störungen fiel klinisch ein besonders konkretistischer Denkstil (»la pensée opératoire«) auf, der mit einer Schwierigkeit zur Mentalisierung in Verbindung gebracht wurde (Marty, 1990, 1991). Marty beschrieb die Fähigkeit zur Mentalisierung als eine vorbewusste Ich-Funktion, die es ermögliche, basale, triebhafte affektive Erfahrungen in höher organisierte innerpsychische Erscheinungen und Strukturen zu transformieren und zu elaborieren. Damit meint »Mentalisation« also zunächst die Fähigkeit, körpernahes, affektives Erleben als etwas Mentales zu erfassen. Später gingen Theoretiker der französischen Psychosomatik davon aus, dass bei psychosomatischen Patienten auch eine veränderte Form der Kommunikation erforderlich sein könnte, bei der der Arzt[1] mit dem Patienten gemeinsam denken, ihn in den Prozess einbeziehen sowie ihm zur Seite stehen muss, damit er die Freude an der

1 Verwendung der männlichen Form aus Gründen der Lesbarkeit, es ist jeweils auch die weibliche Form mitgemeint.

Entwicklung einer Sprache für emotionale Erfahrungen entdecken kann (Aisenstein, Smadja und Noll, 2011).

Zum anderen basierte Fonagys Konzept der Mentalisierung auf der kognitiven »Theorie des Geistes«, der sog. »Theory of Mind (ToM)« (Baron-Cohen, 1997; Fonagy, 1991). Dieser Theorie zufolge sind Kinder erst in einem Alter von vier bis fünf Jahren in der Lage, ihre eigene Wahrnehmung von derjenigen anderer zu unterscheiden bzw. eine Vorstellung davon zu entwickeln, dass ihr geistiger Zustand (»mind«) sich von dem anderer unterscheidet. In diesem Alter begreifen Kinder der Theorie zufolge, dass es sich bei der eigenen Wahrnehmung um ein repräsentationales Abbild der Realität handelt.

Peter Fonagy verknüpfte nun den erwähnten psychodynamischen Ansatz von Marty aus der Psychosomatik mit der kognitionspsychologischen Theory of Mind zu dem Begriff der *Mentalisierung*. Zudem integrierte er die Bindungstheorie in das Konzept, und hier insbesondere die Erkenntnis, dass Bindungsmuster transgenerational weitergegeben werden und dass die reflexive Kompetenz von Eltern zusammen mit ihrem Bindungsmuster die Bindungssicherheit von Kindern vorhersagen können (Fonagy, Steele, Steele, Moran und Higgitt, 1991). Die reflexive Kompetenz bezeichnet dabei die Fähigkeit, sich auf eigene – insbesondere auch auf affektive – Selbstzustände zu beziehen und diese metapsychologisch zu erfassen. Das Selbst wird hier als Repräsentanz internalisierter früher Bindungserfahrungen verstanden. Mentalisierung bzw. mentalisieren ist damit eine Entwicklungserrungenschaft, die aufgrund einer andauernden Fehlabstimmung in den Interaktionen mit den frühen Bezugspersonen generell oder spezifisch beeinträchtigt sein kann.

Insgesamt wurden für das Konzept des Mentalisierens also vor allem Elemente aus den Kognitionswissenschaften, der Psychoanalyse und der Entwicklungspsychologie miteinander verbunden (Fonagy, Gergely und Jurist, 2004; Übersichten bei Dornes, 2004 und Brockmann und Kirsch, 2010). Neurobiologische Untersuchungen und klinische Erkenntnisse wurden später hinzugezogen, um das theoretische Modell empirisch abzustützen (Fonagy und Luyten, 2016; Herpertz, 2011; Schultz-Venrath, 2011; Schultz-Venrath et al., 2012).

Mentalisierung bzw. Mentalisieren bedeutet, sich auf die inneren, ›mentalen‹ Zustände (Gedanken, Gefühle, Wünsche, Bedürfnisse, Überzeugungen etc.) von sich selbst und anderen zu beziehen, diese als dem Verhalten zugrundeliegend zu begreifen und darüber nachdenken zu können – und zwar auch in Situationen mit eigener affektiver Beteiligung (Volkert und Euler, 2018).

Zwei weitere Begrifflichkeiten sind für das Grundverständnis des Mentalisierens unverzichtbar. Menschen ist evolutionsbiologisch intentionales Denken inhärent. Wir schreiben beobachteten Handlungen bzw. Verhalten im allgemeinen automatisch intentionale, d. h. absichtsvolle Motive zu. Dabei ist die Art der Zuschreibung von der intrapersonellen Disposition (Temperament, Erfahrungen, Selbst-, Objekt- und Beziehungsrepräsentanzen, situative Befindlichkeit etc.) und vom interpersonellen Kontext abhängig und kann mehr oder weniger zutreffend sein. Wir machen diese Zuschreibung nicht nur gegenüber Erwachsenen, sondern beispielsweise auch gegenüber Säuglingen (»Gell, das schmeckt dir gut, *drum* nimmst du es so gerne in den Mund«) und Tieren (»Oscar, wie du herumspringst, gell, *weil* du mich so vermisst hast«). Dies verdeutlicht den Charakter der »Unterstellung« von Motiven.

Daran anknüpfend ist bedeutsam, dass mentale Zustände »opak« sind. Opak bedeutet, dass das Mentale von Selbst oder anderen nie wirklich und letztendlich »korrekt« erfasst werden kann. Es bleibt eine (milchglasartige) Undurchsichtigkeit bestehen, so dass wir die Wünsche, Gefühle, Gedanken etc. von anderen immer nur erahnen, aber niemals wirklich präzise und in letzter Konsequenz zutreffend erfassen bzw. wissen können. Genauso gilt das für unser eigenes mentales Erleben. Auch bei hoher Selbstreflexion und einem gesunden psychischen Binnenraum und unter Einbezug unbewusster mentaler Anteile gelingt das Erfassen unserer eigenen Wünsche, Motive und Gedanken nie in letzter Konsequenz »zutreffend«. Das Erfassen mentaler Prozesse behält immer eine gewisse Unschärfe, nicht zuletzt, weil sie sich schon während ihrer Wahrnehmung verändern bzw. durch die Fokussierung darauf beeinflusst werden können. So ist der Mensch nach der Mentalisierungstheorie tatsächlich nie ganz »Herr im eigenen Hause« (Freud, 1917). Noch viel weniger ist der Therapeut allerdings »Herr im Hause« seiner Patienten.

Menschen denken *intentional.* Sie schreiben anderen (und sich selbst) automatisch Handlungsmotive zu, die – da das mentale Selbst letztendlich *opak* ist – nie in letzter Konsequenz korrekt erfasst werden können. Dieses Grundverständnis ist von großer Bedeutung für die Praxis der MBT und begründet ihre nicht-wissende Grundhaltung mit einer kollaborativen, fragenden Technik mit dem Ziel einer intersubjektiven Näherungsbewegung hin zur (äußeren und inneren) Realität.

1.2 Mentalisierungsbasierte Therapie

»A simple set of principles … maximizing benefit while minimizing harm« (Fonagy, Luyten und Allison, 2015, S. 599).

Zusammen mit Anthony Bateman erfolgte im Lauf der 1990er Jahre der verstärkte Praxisbezug der Mentalisierungstheorie auf der Basis eines psychodynamischen Behandlungskonzepts in einer Londoner Tagesklinik, in der primär Patienten mit Borderline-Persönlichkeitsstörung behandelt wurden (Bateman und Fonagy, 1999). Auf dieser Grundlage wurde die Mentalisierungsbasierte Therapie (MBT) als manualisiertes Therapieverfahren entwickelt, für das rasch vielversprechende Daten zur Wirksamkeit unter Berücksichtigung gesundheitsökonomischer und psychosozialer Aspekte vorgelegt wurden (ebd.). Diese wegweisenden Studienergebnisse konnten später dann im Langzeitverlauf und für die ambulante Behandlung repliziert werden (Bateman und Fonagy, 2008, 2009). Auf dieser Grundlage hat sich die MBT vor allem in Europa und den USA rasch verbreitet und stetig weiter differenziert (Bateman und

Fonagy, 2012a; Euler und Schultz-Venrath, 2014b; Schultz-Venrath, 2013a).

Wirksamkeit der MBT bei der Borderline-Persönlichkeitsstörung (Bateman und Fonagy, 2008, 2009):

- Verringerung der Suizidalität
- Verringerung von selbstverletzendem Verhalten
- Verbesserung des interpersonellen und sozialen Funktionsniveaus
- Verringerung der Inanspruchnahme des Gesundheitssystems
- Verringerung der Polypharmazie

Obwohl Fonagy und seine Arbeitsgruppe wesentliche theoretische Vorarbeiten geleistet haben, zeichnet sich die MBT damit durch ihre konsequente Orientierung an der klinischen Praxis und den Leitgedanken einer steten Weiterentwicklung im Sinne eines »work in progress« aus (Schultz-Venrath et al., 2012), die in zahlreichen Publikationen dokumentiert ist.

2 Verwandtschaft mit anderen Verfahren

Da Mentalisieren als ein Brückenkonzept angesehen wird (Kirsch et al. 2015, S. 39), bestehen zahlreiche Überschneidungen mit anderen Therapieverfahren. Hier werden nur die zwei wichtigsten Bereiche wiedergegeben.

2.1 Psychodynamische Psychotherapie

Je stärker psychodynamisches (psychoanalytisches bzw. tiefenpsychologisch fundiertes) Denken sich als intersubjektiv und den psychoanalytischen Prozess als interpersonelle Ko-Konstruktion von psychischer Realität im Hier und Jetzt versteht, desto mehr Überschneidungen ergeben sich mit der psychoanalytischen Theorie. Im Unterschied zu den psychoanalytischen Psychotherapieverfahren gehören bei der Mentalisierungsbasierten Therapie Deutungen und insbesondere Übertragungsdeutungen nicht zu den Standardinterventionen. In der MBT kommt einer nicht-wissenden Grundhaltung und einer offenen, affektfokussierten Fragetechnik als spezifischer psychotherapeutischer Intervention ein zentraler Stellenwert zu. Der psychotherapeutische Prozess folgt nicht einer hypothesengeleitenden, einseitigen Untersuchung der Psyche des Patienten. Technische Neutralität und die sogenannte abstinente Grundhaltung werden durch ein kollaboratives Beziehungsangebot abgelöst, bei dem der Therapeut dem Patienten als realer und authentischer Interaktionspartner zur Verfügung steht. Der Therapeut ist ein Mietspieler im

Spiel mit der Realität, der selektiv auch eigene mentale Prozesse zur Verfügung stellt, um die Pluralität von Wahrnehmung, an der stets Zweifel und Unsicherheiten bestehen bleiben, zu untermauern. Der Therapeut orientiert sich an bewusstseinsnahen Inhalten, die in der Aktualität der Begegnung geteilt werden können. Vor- und unbewusste Prozesse werden anerkannt, ihre einsichtsfördernde Aufdeckung oder gar die »Auflösung« unbewusster Konflikte über einsichtsfördernde Deutungen steht jedoch nicht im Vordergrund. Jene Vorgehensweise widerspricht dem Grundprinzip, dass mentale Zustände als »opak«, also letztlich undurchsichtig, angesehen werden. Die therapeutische Arbeit im Hier und Jetzt orientiert sich an den aktuellen kontextualen Beziehungen (außerhalb der Therapie) und der therapeutischen Beziehung bzw. den interpersonellen Beziehungen in der Gruppe (▶ Kap. 8.2). Biographische Bezüge werden nicht detailliert »durchgearbeitet«. Settingvariablen wie die Kombination aus Einzel- und Gruppentherapie (je eine Sitzung pro Woche beim gleichen oder bei unterschiedlichen Therapeuten) sowie die klare zeitliche Begrenzung der Therapie als Ganzes bilden ebenso Unterschiede zu den psychoanalytischen Therapieverfahren wie die manualisierte Vorgehensweise mit einer schriftlichen Fallformulierung (»case formulation«) und die dynamische Hierarchisierung in jeder Sitzung (▶ Kap. 5, 6 und 8). Der Therapeut folgt nicht gleichschwebend der freien Assoziation des Patienten, sondern diese wird zu Beginn gemeinsam strukturiert mit einer thematischen Fokussierung auf die aktuelle Sitzung. Neben diesen für die interventionelle Praxis sehr relevanten Unterschieden zur psychodynamischen Psychotherapie ergeben sich sowohl in der Praxis als auch in der Theorie vielfältige Überschneidungen der Verfahren. Eine integrative Betrachtung beider Modelle am Beispiel einer psychodynamischen Tagesklinik findet sich bei Vermote (Vermote et al., 2010, 2012).

2.2 Andere Behandlungsverfahren bei strukturellen Störungen

2.2.1 Strukturbezogene Psychotherapie und psychoanalytisch-interaktionelle Methode

Im deutschsprachigen Raum haben sich – lange bevor der Begriff der Mentalisierung in diesem Kontext verwendet wurde – bereits zwei psychoanalytisch modifizierte Verfahren zur Behandlung struktureller Störungen entwickelt, die in einigen Bereichen Überschneidungen mit der MBT aufweisen. Es sind dies zum einen die strukturbezogene Psychotherapie (Rudolf, 2013), zum anderen die psychoanalytisch-interaktionelle Methode (PIM) (Streeck und Leichsenring, 2015). Beide betonen ebenso wie die MBT die Abkehr von der Deutung als Prinzip psychodynamischer Psychotherapien sowie die Bedeutsamkeit einer kollaborativen, interpersonellen Bearbeitung psychischen Materials. Insbesondere die interpersonelle Ausrichtung der psychoanalytisch-interaktionellen Methode mit dem Therapeuten im »antwortenden Modus« unter selektiver Authentizität offenbart Gemeinsamkeiten mit der MBT. Die Haltung des Therapeuten wird allerdings in beiden deutschsprachigen Verfahren nicht als »nicht-wissend« konzeptualisiert, was in der MBT als oberstes Prinzip gilt. Vielmehr hat der Therapeut eine sehr genaue Vorstellung von den strukutrellen Defiziten des Patienten, die er gezielt angeht. Bolm spricht hier davon, dass dem »Prinzip Antwort« der PIM in der MBT das »Prinzip Frage« gegenübergestellt wird (Bolm, 2015).

Die strukturbezogene Psychotherapie wurde primär als Einzeltherapie, die psychoanalytisch-interaktionelle Methode als Gruppentherapie (mit einer späteren Ergänzung durch Einzeltherapie) konzeptualisiert, während in der MBT beide Settings von Anfang an angelegt waren. Beide Verfahren sind kaum über den deutschsprachigen Raum hinaus bekannt geworden. Auch wenn die klinische Bedeutsamkeit beider Verfahren unbestritten ist, liegen bisher keine ausreichend belastbaren Wirksamkeitsnachweise vor. Sowohl strukturbezogene Psychotherapie als auch psychoanalytisch-interaktionelle Methode betonen durchgehend die konzeptionell primäre Verwurzelung in der psychoanalytischen Theorie, während die MBT heute als schulenübergreifendes Brückenkonzept verstanden wird, das auch kognitionswissenschaftliche und neurobiologische Erkenntnisse berücksichtigt und sich bezüglich der Integration aktueller Forschungsbefunde als »work in progress« versteht. Nicht zuletzt geht das Konzept der Mentalisierung über den Begriff der psychischen Struktur hinaus (▶ Kap. 3), auf dem die beiden Verfahren aus der deutschen psychoanalytischen Tradition basieren.

Aus Perspektive der MBT im deutschsprachigen Raum haben sowohl strukturbezogene Psychotherapie als auch die psychoanalytisch-interaktionelle Methode unbestritten lange vor Etablierung der MBT in Deutschland insbesondere in der psychoanalytischen Community eine wichtige Vorarbeit für die Einleitung eines Paradigmenwechsels in der Behandlung von Patienten mit strukturellen bzw. Borderline-Störungen geleistet.

2.2.2 Andere evidenzbasierte Behandlungsverfahren bei Borderline-Störungen

Die Mentalisierungsbasierte Therapie ist eine der vier großen evidenzbasierten Behandlungsverfahren (»big 4«), die ursprünglich für die Psychotherapie von Patienten mit einer Borderline-Störung als Prototyp schwerer Persönlichkeitsstörungen entwickelt und bezüglich dieser Störung am besten untersucht sind (Lana und Fernández-San Martín, 2013; Stoffers et al., 2012). Die MBT (Evidenzgrad Ib) und die DBT (Evidenzgrad Ia) sind aktuell die beiden Verfahren mit den überzeugendsten Wirksamkeitsnachweisen (Herpertz, Rudolf und Lieb, 2017). Neben den vier großen evidenzbasierten Behandlungen gibt es auch weitere, als wirksam etablierte Therapieverfahren für die Borderline-Persönlichkeitsstörung, auf die hier nicht genauer eingegangen wird. Trotz konzeptioneller und technischer Unterschiede der »big 4« finden sich einige grundlegende therapeutische Gemeinsamkeiten (Euler et al., 2018a; modifiziert und übersetzt nach Bateman et al., 2015; Sollberger und Walter, 2010):

- Manual-gestützter, strukturierter Ansatz
- Patienten werden zu selbstständigem und selbstwirksamem Handeln ermutigt
- Therapeuten
  - unterstützen den Patienten dabei, Gefühle mit Erlebnissen oder Handlungen in Verbindung zu bringen
  - sind aktiv, responsiv und validierend
  - besprechen ihre Behandlungsfälle inkl. ihrer psychischen Resonanz auf Patienten in Super- oder Intervisionen

Die MBT wird heute als schulenübergreifend verstanden (Bateman und Fonagy, 2016), wenngleich ihr Ursprung wie derjenige der Übertragungs-fokussierten Psychotherapie (Transference-Focused Psychotherapy, TFP) nach O. F. Kernberg (Clarkin, Yeomans und Kernberg, 2006) psychodynamisch ist. Während beide, MBT wie TFP, Affekte und damit zusammenhängende Kognitionen fokussieren – und so in Abkehr von klassischen psychoanalytischen Verfahrensweisen unbewusste Konflikte in den Hintergrund rücken –, differieren die Verfahren in ihrem Menschenbild, zugrundeliegenden Konzept und praktischen Vorgehen ganz wesentlich (Gunderson et al., 2007). Im Gegensatz zur TFP, die ihren Ansatzpunkt in der Übertragung pathologischer Selbst-/Objektrepräsentanzen lokalisiert und dort – orientiert an den affektbeladenen Beziehungsmustern – libidinöse und aggressive Impulse im Patienten verortet, den Patienten konfrontiert und diese Impulse und deren unreife Abwehr deutet, zielt die MBT darauf, in der therapeutischen Beziehung für den Patienten bei der Wahrnehmung, Spiegelung und (non-)verbalen Markierung eigener und fremder mentaler Zustände interaktionell als kollaboratives, insbesondere fragendes mentales Gegenüber verfügbar zu sein. Wichtige Unterschiede bestehen z. B. in Umgang und Verständnis der therapeutischen Beziehung, bei der die MBT einen primär interaktionell-explorativen Ansatz verfolgt, während die TFP die Beziehung als vom Patienten ausgehendes Übertragungsgeschehen deutet. In der MBT steht der Therapeut weniger in der Rolle eines »Übertragungsobjekts« als vielmehr in jener eines interaktionellen »Entwicklungsobjekts«, mit dem auf der Grundlage einer als sicher wahrgenommenen Bindung spielerisch mentales Erleben fokussiert (mentalisiert) wird. Der Therapeut deutet nicht das aus einer psychodynamischen Hypothese abgeleitete Übertragungsgeschehen, sondern erforscht aus einer nicht-wissenden Position heraus mit dem Patienten das mentale Erleben von sich und anderen (Sollberger und Walter, 2010; Sowislo et al., 2017; Walter et al., 2016; Sowislo und Euler, 2017). Der für die TFP typischen Betonung aggressiver Anteile im Patienten steht in der MBT eine offene, primär wohlwollende Sichtweise seiner mentalen Konstitution gegenüber, bei der negative Affekte als Teil des menschlichen Affektspektrums im Rahmen von Affektelaboration und Affektfokus (▶ Kap. 5.2) berücksichtigt werden. Eine verbesserte Mentalisierung entwickelt sich im Prozess der Behandlung und führt damit prozedural zur Entwicklung stabilerer Repräsentanzen und eines kohärenten Selbst, die auch die Integration aggressiver Selbstanteile beinhaltet.

Ein weiterer Unterschied zur TFP besteht in der Einschätzung der Behandelbarkeit der antisozialen Persönlichkeitsstörung (ASPS). Kernberg (2006, 2016) geht im Gegensatz zu Bateman und Fonagy (2016) davon aus, dass bei der ASPS im engeren Sinn vor allem aufgrund der fehlenden Fähigkeit zu Schuldgefühlen und Reue die Entwicklung von Empathie und damit die Therapie nur sehr selten erfolgreich ist. Der Ansatz der MBT ist hier optimistischer, sofern die ASPS als entwicklungspsychologisch bedingtes Mentalisierungsversagen konzeptualisiert und behandelt wird (▶ Kap. 7.1.2). Allerdings könnte hier auch in Betracht gezogen werden, dass bei TFP andere Schweregrade der narzisstischen Pathologie beschrieben werden. Während sich die MBT an den diagnostischen Kriterien der ASPS orientiert, beschreibt Kernberg das klinische Vollbild der antisozialen Persönlichkeitspathologie (Walter und Bilke-Hentsch, in press).

Schematherapie nach Young (Young, Klosko und Weishaar, 2003) und Dialektisch-Behaviorale Therapie (DBT) nach Marsha M. Linehan (1993a) sind die großen evidenzbasierten Verfahren verhaltenstherapeutischer Provenienz. Die DBT wurde als erste störungsspezifische Behandlung der Borderline-Persönlichkeitsstörung entwickelt und ist um eine Dialektik aus Akzeptanz und Veränderung konzeptualisiert. Patienten werden dahingehend validiert, dass ihr Verhalten in emotionalen Spannungszuständen nachvollziehbar, aber gemessen an ihren mittel- und langfristigen Konsequenzen dysfunktional ist. Vor diesem Hintergrund werden den Patienten in der Therapie die Automatismen und Verhaltensabläufe aufgezeigt, alternative Fertigkeiten erarbeitet und mit ihnen im Sinne eines Trainings eingeübt. Daneben bilden achtsamkeitsbasierte Interventionen ein zentrales Moment der Therapie (Spitzer et al., 2019, Euler et al., in press). Linehan spricht vom Therapeuten allerdings auch als »naivem Untersucher, der nichts versteht und alles nachfragt« (Linehan, 1993a, S. 259). Hier bestehen zumindest theoretisch durchaus Überschneidungen mit der nicht-wissenden Grundhaltung der MBT. Im Unterschied zur DBT sieht die MBT nicht so sehr die ausgebliebene Validierung der Gefühle des Kindes als ursächlich, sondern identifiziert repetitive Fehlabstimmungen mit den frühen Bezugspersonen als zentrales Entwicklungsproblem (▶ Kap. 3.1). Entsprechend geht es in der MBT weniger um ein Training der Regulation von Emotionen als um die interpersonell abgestützte mentale Wahrnehmungs- und Regulationserfahrung im Hier und Jetzt der therapeutischen Beziehung. Mentalisierung kann deshalb nicht mit einer erlernten Fertigkeit gleichgesetzt werden. Interpersonelles Mentalisieren nimmt selbst Einfluss auf die Erfahrung der Subjektivität eigener Affektzustände, und zwar nicht nur als Identifikation und Regulation von Gefühlen, sondern als mentales Erleben in einem sozialen Kontext, in dem beide (oder in der Gruppe mehrere) Beteiligte aufeinander Einfluss nehmen und gleichzeitig dabei auftretende mentale Prozesse fokussieren und damit repräsentationale Veränderungen induzieren (▶ Kap. 5): »To ›learn‹ to mentalize in treatment is not … an appropriate therapeutic aim« (Bateman und Fonagy, 2016, S. 33). »Mentalizing in itself is not the objective of therapy … It will initiate change by changing the mindset of the individual undergoing treatment« (Fonagy et al., 2015, S. 594, 597).

Die Schematherapie geht davon aus, dass maladaptive Schemata im Rahmen dysfunktionaler Beziehungen des Kindes zu Eltern oder anderen wichtigen Bezugspersonen entstehen. Zu bestimmten Zeitpunkten treten diese Muster in meist dysfunktionaler Weise als Modi des Selbst (»states«) in Erscheinung. Ihnen entsprechen bestimmte Verhaltensweisen und Copingstile wie Vermeidung, Unterwerfung oder Überkompensation. Die wichtigste Intervention des Therapeuten liegt im »Reparenting« (Nachbeelterung), welches das Defizit an mangelnder emotionaler Zuwendung der Patienten in ihrer Kindheit im Sinne von Zuwendung,

Verlässlichkeit, einer empathischen Form der Anleitung und dem flexiblen Setzen von Grenzen kompensieren soll. In der Imitation einer gesunden Eltern-Kind-Beziehung und der damit verbundenen Idee einer Nachreifung defizitärer Schemata besteht ein wesentlicher Unterschied zur Haltung der MBT, bei der der Patient stärker als Gegenüber auf Augenhöhe gesehen wird.

Allen drei anderen Verfahren gemein ist, dass der Therapeut über etwas verfügt, was der Patient nicht hat, und ihm dies zur Verfügung stellt (Einsicht in die gespaltene Objektbeziehung durch die Übertragungsdeutung, Vermittlung von Fertigkeiten als Trainer, Beelterung und Erkenntnisse über die eigenen Schemata), während in der MBT die prozedurale interpersonelle Entwicklung per se im Vordergrund steht, bei der der Patient aus sich selbst heraus über den gemeinsamen Prozess des Mentalisierens Selbstwirksamkeit und Sicherheit entwickelt und damit in die Lage kommt, Vertrauen in sich als Teil der sozialen Umwelt zu entwickeln. Aus diesem Grund gehört auch die Gruppentherapie zum sozialen »Spielplatz« der MBT. Ansonsten betont nur die DBT den Stellenwert der Gruppe, allerdings ist diese hier als Trainingsgruppe konzipiert, die einem streng manualisierten Vorgehen folgt und interpersonelle Prozesse nur im Fall von erheblichen Störungen berücksichtigt.

Vor allem der prozedurale (statt inhaltliche) interpersonelle Fokus, die nicht-wissende Grundhaltung und der Stellenwert der Gruppentherapie als Abbild der gruppal strukturierten sozialen Realität unterscheiden die MBT von den psychoanalytischen und den anderen für die Borderline- Persönlichkeitsstörung evidenzbasierten Verfahren.

3 Wissenschaftliche und therapietheoretische Grundlagen des Verfahrens

Mentalisieren ist ein noch relativ junges psychologisches Konstrukt, das Elemente aus den Kognitionswissenschaften, der Psychoanalyse, der Entwicklungspsychologie, der Affektforschung und der Neurobiologie enthält (Euler und Schultz-Venrath, 2014a, 2014b). Beeinflusst ist das Konzept unter anderem durch die »theory of mind«, die Bindungsforschung, die intersubjektive Psychoanalyse und die Neurowissenschaften (► Kap. 1).

3.1 Entwicklungspsychologische und neurobiologische Grundlagen

3.1.1 Bindung und Entwicklung des Selbst

Die Bindungstheorie von Bowlby (1977), der Bindungsstörungen bereits mit einer späteren Persönlichkeitspathologie verknüpfte, ist durch das zeitgenössische, moderne Verständnis der Ätiologie von Persönlichkeitsstörungen reaktualisiert worden. Bowlby beschrieb, dass Kinder das Bindungsmuster mit den primären Bezugspersonen als »inner working models« (ebd.) speichern und dieses lebenslang im Beziehungskontext, insbesondere bei Belastungs-, Trennungs- und Gefahrensituationen reaktiviert wird. Dabei ging er bereits davon aus, dass das Bindungsmuster Aspekte des Selbst, der anderen und der Beziehung zwischen beiden umfasst. Der Zusammenhang zwischen der sogenannten »strukturellen«

Störung, bei der im Unterschied zur neurotischen, konflikthaften Störung konstitutionelle Aspekte der Persönlichkeit selbst betroffen sind, und einer Bindungsstörung erhielt in den letzten Jahren besondere Aufmerksamkeit. Bindungsstörungen gelten inzwischen im Rahmen des polyätiologischen Modells als ein zentraler, wenn nicht sogar als wesentlicher Faktor für die Entwicklung einer Persönlichkeitsstörung, vor allem aus dem Cluster B (Buchheim, 2011; Lorenzini und Fonagy, 2013; Walter und Dammann, 2006). Lorenzini und Fonagy (2013) erachten die Bindungstheorie als »evidenzbasierte Perspektive« für die Erklärung der zeitlich relativ stabilen intra-, interpersonellen und sozialen Charakteristika von Persönlichkeitsstörungen. Insbesondere für die Beziehungsgestaltung von Borderline-Patienten mit Suche nach oder Vermeidung von Nähe, Gefühlen von Abhängigkeit und Sensitivität für Zurückweisung besitzt sie einen hohen Stellenwert (Agrawal et al., 2004). Aus der Perspektive der Bindungstheorie ergibt sich damit eine wesentliche Bedeutung für die Gestaltung der therapeutischen Beziehung mit Patienten mit Persönlichkeitsstörungen (▸ Kap. 9) (Volkert und Euler, 2018).

Unsichere und desorganisierte Bindungsmuster stellen wesentliche Risikofaktoren für eine psychische Erkrankung dar. Für Borderline-Patienten ist neben den unsicheren Stilen auch ein desorganisiertes Bindungsmuster besonders bedeutsam. Ein Zusammenhang besteht für letzteres insbesondere mit dissoziativen Phänomenen (Buchheim, 2011). Der vermeidende Bindungstyp ist wiederum vor allem kennzeichnend für Borderline-Patienten mit komorbider Substanzabhängigkeit (Lorenzini und Fonagy, 2013). Die Bindungsforschung hat durch zahlreiche Befunde den Zusammenhang zwischen unsicherem bzw. desorganisiertem Bindungstyp und Persönlichkeitsstörungen belegen können (Agrawal et al., 2004; Buchheim und George, 2011). Neben verschiedenen Formen der Selbstbeurteilung ist das Adult Attachment Interview (AAI) hier wegweisend (Buchheim und George, 2011; George, Kaplan und Main, 1996). Während der ängstlich-anklammernde Bindungstyp, gekennzeichnet durch eine Hyperaktivierung des Bindungssystems, vor allem mit chronischer Hypersensitivität für Signale von Zurückweisung oder Verlassenwerden und mit histrionischer, vermeidender, Borderline- und abhängiger Persönlichkeitsstörung einhergeht, ist der vermeidende Bindungstyp, gekennzeichnet durch Hypoaktivierung des Bindungssystems, mit schizoider, narzisstischer, antisozialer und paranoider Persönlichkeitsstörung assoziiert (Lorenzini und Fonagy, 2013). Empirischen Studien zufolge weisen 50–80 % der Borderline-Patienten einen ängstlich-anklammernden oder desorganisierten Bindungstyp auf (Agrawal et al., 2004; Lorenzini und Fonagy, 2013). Ein desorganisiertes Bindungsmuster entwickelt sich insbesondere in einer dilemmatischen kindlichen Situation, wenn die Bezugsperson, bei der das Kind Schutz und Sicherheit sucht, gleichzeitig eine Quelle der Gefahr darstellt. Dieses Dilemma ist insbesondere bei frühen, repetitiven traumatischen Erfahrungen gegeben und wird nicht selten von Gerneration zu Generation weitergegeben (Lorenzini und Fonagy, 2013). Levy (2005) geht davon aus, dass es sich bei den Auswirkungen der unsicheren bzw. desorganisierten Bindungstypen um ein Kontinuum handelt, wobei es von Differenzierungs- und Integrationsgrad der mentalen Repräsentanzen abhängt, ob sich eine schwere Persönlichkeitspathologie entwickelt oder nicht. Hier setzt die MBT an.

3.1.2 Entwicklungspsychologie und Neurobiologie des Mentalisierens

Die Entwicklung des Selbst ist in erster Linie »transaktioneller Natur« (Bateman und Fonagy, 2012a, S. 6), die Persönlichkeitsentwicklung hängt damit hauptsächlich von den Interaktionen mit den primären Bezugspersonen ab. Die Säuglings-, Kleinkind- und Bindungsforschung haben hierzu wesentliche Beiträge geleistet (Ainsworth et al., 1978; Bowlby, 1977; Schultz-Venrath, 2013a; Stern, 2007a). Buchheim (2011) identifiziert bezüglich der Borderline-Störung neben der Bindungsdesorganisation eine eingeschränkte Fähigkeit zur Mentalisierung als weiteren zentralen Faktor zur Erklärung des Zusammenhangs von Bindungstraumata und Borderline-Störung. Widersprüchliche und traumatische Beziehungserfahrungen unterminieren die Entwicklung von stabilen mentalen Repräsentanzen. Weiterhin ist die Mentalisierungsfähigkeit der primären Bezugsperson höchst bedeutsam (Lorenzini und Fonagy,

2013), was die transgenerationale Übertragung besonders plausibel macht.

Kinder entwickeln im Alter von etwa vier bis fünf Jahren eine Vorstellung davon, dass ihr geistiger Zustand (»mind«) sich von dem anderer unterscheidet, und erkennen diesen als repräsentationales Abbild der Realität. Das bedeutet gleichzeitig, dass erst ab diesem Alter Wahrnehmungs- und Denkinhalte im Sinne einer Metakognition bzw. reflexiven Funktion (Fonagy et al., 2004) zum Gegenstand des Nachdenkens gemacht werden können (Dornes, 2004). Dies ist nicht zu verwechseln mit der Fähigkeit, den eigenen mentalen Zustand als vom anderen unterschiedlich zu erleben, die bereits ab dem Alter von 15–18 Monaten ausgebildet wird. Bis dahin kommt der Affektspiegelung durch die Bezugsperson eine zentrale Funktion für die Bildung von Affekt- und Selbstrepräsentanzen zu. Die Spiegelung der Affekte muss kontingent (auch: kongruent, d. h., dem Affekt des Säuglings entsprechend) und gleichzeitig markiert (d. h., durch die Bezugsperson leicht verzerrt, z. B. durch Verwendung einer Babysprache oder einer übertriebenen Mimik) sein. Erst durch diese Markierung kann sich eine Metarepräsentanz bzw. Repräsentanz zweiter Ordnung (Fonagy et al., 2004) ausbilden, damit sich das Kind zunehmend selbst als Agens (»agent«) des Affekts erlebt. Wenn Bindungspersonen unmarkiert und inkongruent spiegeln, entsteht ein sogenanntes fremdes Selbst (»alien self« ▶ Kap. 7.1.1) (Dornes, 2004; Fonagy et al., 2004). Das davon zu unterscheidende falsche Selbst wiederum entsteht, wenn markiert, aber inkongruent gespiegelt wird, d. h., ein fehlgedeuteter Affekt des Kindes markiert gespiegelt wird (z. B. wenn Ärger des Kindes als Müdigkeit fehlgedeutet und dem Kind markiert gespiegelt wird: »Jaja, gell mein Schatz, du bist sooo müde, die Mutti bringt dich jetzt gleich ins Bett, dann ist alles gut«). Eine unmarkierte und kongruente Spiegelung wiederum entspricht ihrerseits dem Mechanismus der projektiven Identifikation, bei dem der Affekt des Kindes korrekt identifiziert, aber von der Bezugsperson gleichsam ungefiltert selbst erlebt und ausgelebt wird, ohne dass sie markiert, dass der eigene Affekt sich von diesem gespiegelten Affekt des Kindes unterscheidet. Das hat zur Folge, dass für das Kind unerträgliche Affekte nicht stellvertretend von der Bezugsperson mentalisiert (oder »contained«, Bion, 1962) werden und das Kind diesen hilflos ausgeliefert bleibt (z. B. wenn eine überwältigende Angst des Kindes von der Bezugsperson unmentalisiert und unmarkiert übernommen ausgedrückt wird). Der klinische Bezug für die Gestaltung der therapeutischen Beziehung wird hier schon deutlich, wenn man sich die unmarkiert hilflose Reaktion eines noch unerfahrenen Therapeuten auf eine haltlose, schwer suizidale Patientin oder die unmarkiert aggressive Reaktion eines überforderten Dienstarztes auf eine hochgespannte, explosive Patientin (▶ Kap. 9) vorstellt.

Die zentrale Funktion der Affektspiegelung des Säuglings bzw. Kleinkinds für die Entwicklung von Affektrepräsentanzen bezieht sich vor allem auf die ersten eineinhalb Lebensjahre. Sie ist Voraussetzung für die Konstitution eines mentalen Selbst, im Unterschied zum teleologischen (dem zielgerichtet handelnden) Selbst. Anschließend kommt – vor allem bis zum Alter von etwa vier bis fünf Jahren – dem Spiel der Bezugsperson mit den inneren Zuständen des Kindes (sog. »playing with reality«, Fonagy et al., 2004) die wesentliche entwicklungspsychologische Komponente für die Entwicklung des Mentalisierens zu. Das Kind beginnt, sich über das Spiel als Selbst in einer mental konstituierten Welt zu entdecken, und ist dabei auf einen flexiblen und spielerischen Umgang der Bezugspersonen mit seiner entwicklungspsychologisch altersentsprechenden inneren Erlebniswelt angewiesen.

Repetitive Fehlabstimmungen mit dem Kind in der Interaktion der Bezugspersonen in den ersten Lebensmonaten bis Jahren sind aus Sicht des Mentalisierungskonzepts insbesondere für die Ätiopathogenese schwerer Persönlichkeitsstörungen der zentrale Mechanismus. Dabei ist weniger ein Ereignistrauma entscheidend, sondern die generelle und anhaltende Insuffizienz der Bezugspersonen, die Perspektive des Kindes für die Interaktion zu berücksichtigen (Bateman und Fonagy, 2012a). Damit kommt es zu einer nachhaltigen Beeinträchtigung der Fähigkeit zum Mentalisieren, insbesondere in Situationen, in denen das Bindungssystem aktiviert wird.

Beeinträchtigungen der Fähigkeit zu mentalisieren basieren auf andauernden bzw. wiederholten Fehlabstimmungen in der Interaktion mit den frühen Bindungsbeziehungen, und zwar insbesondere einer fehlabgestimmten Spiegelung der Affekte des Kindes bis zum 18. Lebensmonat sowie einer mangelnden Fähigkeit der Bezugsperson(en), bis zum 4./5. Lebensjahr spielerisch mit der inneren Realität des Kindes umzugehen.

Empirische Studien zeigen, dass frühe Bindungs- und Mentalisierungsstörungen bis ins Erwachsenenalter neurobiologisch nachweisbar sein können. Bei traumatisierten Frauen (im Alter von 18–45 Jahren), die im Kindesalter sexuell missbraucht oder vernachlässigt wurden, finden sich z. B. deutlich erniedrigte Oxytocin-Liquor-Konzentrationen, die mit der Schwere und Dauer der Misshandlung negativ korrelierten (Heim et al., 2009). Dies ist auch für die spätere Mentalisierungsfähigkeit von Bedeutung, da Oxytocin einen inzwischen nachgewiesenen positiven Einfluss auf die Mentalisierungsfähigkeit und auf das prosoziale Verhalten hat (Böker und Northoff, 2010; Domes et al., 2007; Insel und Young, 2001). Bindung, Bindungsstile und Bindungsrepräsentanzen führen zu wechselseitigen Beeinflussungen der neurobiologischen, genetischen und der epigenetischen Ebene (Schultz-Venrath, 2013a). Es kommt zu einer nachhaltigen Beeinträchtigung der Fähigkeit zum Mentalisieren, insbesondere in Situationen, in denen das Bindungssystem aktiviert wird. Daraus ergeben sich Störungen der Affekt- und Selbstregulation, insbesondere im interpersonellen Kontext (Euler, Nolte et al., 2019). Luyten und Fonagy (2015) fokussierten deshalb auf sogenannte sekundäre Bindungsstrategien, d. h. Stressregulationsstrategien, welche entweder mit einer Hyperaktivierung oder Deaktivierung des Bindungssystems als Antwort auf Stress einhergehen. Die mangelnde Top-Down-Kontrolle des frontalen Kortex zur Affekt- und Impulsregulation unter emotionaler Erregung wird als neurobiologisches Korrelat des Mentalisierungsversagens betrachtet (Luyten und Fonagy, 2015). Diese Prozesse verlaufen auch über die Beeinträchtigung der Hypothalamus-Hypophysen-Nebennierenrinden-Achse (HHNA) als primärem Stress-System beim Menschen im Sinne einer Hyper- oder Hypoaktivität der HHNA (Roozendaal, McEwen und Chattarji, 2009; Walter et al., 2008).

Aufgrund der zentralen Bedeutung von Entwicklungspsychologie und Neurobiologie für Mentalisieren und Persönlichkeitsentwicklung wurde in Anlehnung an das bio-psycho-soziale Modell ein Konzept für Persönlichkeitsstörungen beschrieben, welches zwischen prädisponierenden Faktoren (Genetik, Neurobiologie und Umweltfaktoren, wie z. B. frühe oder spätere widrige Lebensumstände), auslösenden Faktoren (Arbeit, Beziehungen) und ungesundes Verhalten aufrechterhaltenden Faktoren unterscheidet (Luyten und Blatt, 2012).

Aus dem biopsychosozialen Mentalisierungsversagen im unsicheren Bindungskontext ergeben sich Probleme für die Selbstregulation, die mit dem Auftreten prä- oder nonmentalistischer Modi (siehe Kasten) verbunden sind. Prämentalistische Modi gehen entwicklungspsychologisch in der normalen kindlichen Entwicklung der Mentalisierungsfähigkeit voraus:

- Teleologischer Modus
- Äquivalenzmodus
- Als-Ob-Modus

Insbesondere bei Patienten mit Persönlichkeitsstörungen, aber auch anderen psychischen Störungen treten prämentalistische Modi bei Aktivierung des Bindungssystems und damit verbundener psychischer Anspannung im sozialen Kontext, das heißt z. B. auch in der psychotherapeutischen Begegnung, ständig auf (▶ Kap. 4.1.2). Gleichzeitig wird das Selbst im Sinne eines prozeduralen Konstrukts verstanden, dessen Veränderbarkeit auch im späteren Lebensalter grundsätzlich erhalten bleibt, so dass Mentalisierungsstörungen veränderungssensitiv sind. Ausschlaggebend für eine verbesserte Mentalisierung sind auch später vor allem Entwicklungsschritte im interpersonellen Kontext, also wiederum z. B. durch Psychotherapie. Mentalisieren wird damit als State- (Fertigkeit) und Trait- (Fähigkeit) Merkmal verstanden (Euler und Schultz-Venrath, 2014b).

Prämentalistische Modi (modifiziert nach Euler und Schultz-Venrath, 2014)

Teleologischer Modus

Nur real befriedigende Handlungen oder körperliche Eingriffe sind in der Lage, mentales Erleben zu beeinflussen, nur real Beobachtbares ist von Bedeutung. Die Umwelt muss »funktionieren«, um innere Spannungszustände zu mindern. Eigene Handlungen werden eingesetzt, um andere zu etwas zu bewegen, verbunden mit intentionaler (Fehl-)Interpretation von Verhalten.

Entwicklungspsychologisches Beispiel: Ein Säugling mentalisiert seinen diffusen körperlich-affektiven Notzustand nicht. Beruhigung ist nur durch die reale Handlung des ›Stillens‹ möglich.

Äquivalenzmodus

Innere Welt und äußere Realität werden als identisch erlebt. Es besteht eine Intoleranz gegenüber alternativen Perspektiven. Erschreckende innere Bilder (Ängste, Albträume, Flashbacks) bekommen Realitätscharakter.

Entwicklungspsychologisches Beispiel: Ein Kleinkind, das die ersten Nächte außerhalb des elterlichen Schlafzimmers verbringt, sieht ein Gespenst, das es holen und von den Eltern wegbringen will. Dem Vater gelingt es zunächst nicht, das Kind davon zu überzeugen, dass es sich um einen Vorhang aus weißem Stoff handelt und es Gespenster gar nicht gibt. Erst durch ein einfühlsames und spielerisches Beziehungsangebot, bei dem das subjektive Erleben des Kindes durch gemeinsames Nachschauen etc. ausreichend validiert wird, verliert die ängstigende Fantasie ihren Realitätscharakter und das Kind kann einschlafen.

Als-ob-Modus

Der erlebte innere Zustand hat keine Implikation für die Außenwelt und umgekehrt. In der Psychotherapie kommt es zu Gesprächen über Gedanken und Gefühle, ohne dass eine »innere Berührung« erfolgt bzw. Veränderungsprozesse induziert werden. Insbesondere wenn eine psychologisierte Sprache verwendet wird, spricht man auch vom »Pseudomentalisieren«. Klinisch kann sich dieser Modus auch in dissoziativen Phänomenen äußern.

Entwicklungspsychologisches Beispiel: Ein vierjähriges Mädchen spielt, es sei eine Prinzessin in einem großen Königreich, während die Mutter im Hintergrund den Tisch für das Abendessen deckt. Beide Welten sind unverbundene Realitäten. Eine Mutter, die mit der Szene spielen kann, belässt dem Kind seine innere Welt. Dem Kind zu sagen, es soll mit dem Quatsch aufhören, die Krone absetzen und zum Essen kommen, zerstört das Spiel des Kindes mit der Realität.

3.2 Verwandtschaft zu anderen psychologischen Konstrukten

Mentalisieren ist ein mehrdimensionales Konstrukt. Es gibt konzeptuelle Überschneidungen mit anderen Konzepten wie Achtsamkeit (»mindfulness«), Affektbewusstsein bzw. -wahrnehmung (»affect consciousness«), Empathie, Introspektion und psychologischer Sensibilität (»psychological mindedness«). Mentalisierung umfasst allgemein die Erkenntnis über sich (Achtsamkeit, Introspektion) und die Erkenntnis über andere (Empathie) und integriert dabei Kognitionen und Affekte (Affektbewusstsein, psychologische Sensibilität). Mentalisieren kann explizit oder implizit erfolgen (Choi-Kain und Gunderson, 2008). Mentalisieren gilt insofern auch als »Brückenkonzept« (Kirsch et al., 2015, S. 39) (▸ Kap. 2).

Mentalisierung bzw. Beeinträchtigungen des Mentalisierens weisen außerdem Überschneidungen mit Beeinträchtigungen im psychosozialen Funktionsniveau der Persönlichkeit gemäß DSM-5 (APA, 2013; Zimmermann, Brakemeier und Benecke, 2015) oder der Stukturdimension der Operationalisierten Psychodynamischen Diagnostik (OPD-2, 2014), insbesondere der Fähigkeit zur Selbst- und Objektwahrnehmung und der emotionalen Fähigkeit zur Kommunikation nach innen und außen (Schultz-Venrath, 2013a) auf.

3.3 Multidimensionalität des Mentalisierens

Mentalisieren ist nicht statisch zu verstehen, sondern wird als prozedurale »dynamische Kapazität« (Fonagy, Bateman und Luyten, 2012, S. 19) innerhalb eines »trans-diagnostischen Konzepts« (Fonagy, Bateman und Bateman, 2011, S. 101) verstanden, die generell oder selektiv beeinträchtigt sein kann. Daraus resultiert, dass für unterschiedliche psychische Störungen unterschiedliche Beeinträchtigungen des Mentalisierens angenommen werden können. Bateman, Fonagy und Luyten haben zusammen mit ihrer Arbeitsgruppe ein neurobiologisches Modell weiter entwickelt, in dem vier polare Dimensionen die menschliche Fähigkeit zu mentalisieren näher definieren (Bateman und Fonagy, 2016; Fonagy et al., 2012; Lieberman, 2007; Schultz-Venrath, 2013a). Ein flexibles Balance-Halten zwischen den Polen je nach psychosozialer Anforderung wird als optimal betrachtet (Bateman, 2014; Euler und Schultz-Venrath, 2014b). Das heißt, dass eine gute Mentalisierungsfähigkeit darin besteht, auf allen Dimensionen, flexibel zwischen den Polen mentalisieren zu können und situativ bzw. kontextspezifisch den Schwerpunkt zu verändern (▶ Tab. 1). Sowohl psychisch Gesunde als auch Patienten mit unterschiedlichen Erkrankungen können zu unterschiedlichen Zeitpunkten in unterschiedlichem Ausmaß innerhalb dieser vier Dimensionen von Mentalisierungsdefiziten betroffen sein. Beeinträchtigtes Mentalisieren ist durch qualitative und quantitative Aspekte (Non-/Hypo-/Hypermentalisieren) gekennzeichnet (Volkert und Euler, 2018).

Tab. 1: Dimensionen des Mentalisierens (nach Euler und Schultz-Venrath, 2014)

automatisch (implizit) – kontrolliert (explizit)	unbewusstes prozedurales Mentalisieren vs. metakognitive Reflexion
nach innen fokussiert – nach außen fokussiert	Fokus auf inneres Erleben (Gedanken, Gefühle etc.) vs. Fokus auf äußere Aspekte (Mimik, Gestik etc.)
selbst-orientiert – andere(r) orientiert	Fokus auf sich selbst vs. Fokus auf andere
kognitiver Prozess – affektiver Prozess	Reflexion (sich in sich und andere ein-*denken*) vs. subjektives Erleben (sich in sich und andere ein*fühlen*)

3.3.1 Implizites (automatisches) vs. explizites (kontrolliertes) Mentalisieren

Implizites Mentalisieren begleitet die meisten sozialen Interaktionen. Wir monitorisieren unsere(n) soziale(n) Interaktionspartner hinsichtlich ihrer mentalen Zustände, ohne dass es uns bewusst wird. Explizites Mentalisieren funktioniert aktiv, kontrolliert, ist absichtsvoll und kann verbalisiert werden. In einer sicheren sozialen Umgebung ist explizites Mentalisieren oft gar nicht notwendig. Hier kann es auch als hinderlich oder (für andere) intrusiv wahrgenommen werden (z. B. wenn wir andauernd darüber nachdenken, ob unsere Vorgehensweise für die Arbeitskollegen zufriedenstellend ist, und dadurch die Konzentration auf den eigentlichen exekutiven Arbeitsschritt beeinträchtigt wird oder wenn wir dem Partner ostentativ mitteilen, was unserer Meinung nach gerade in ihm vorgeht). Ein Individuum mit guter Mentalisierungsfähigkeit kann schnell vom impliziten zum expliziten Pol umschalten, wenn es erforderlich ist (z. B. in einer Konfliktsituation). Schwierigkeiten entstehen besonders, wenn nur automatische Schlussfolgerungen zur Verfügung stehen, auch wenn explizites Mentalisieren erforderlich wäre, um diese zu hinterfragen (Taubner, Bateman und Fonagy, in press).

Im Rahmen des stressabhängigen Schaltmodells des Mentalisierens wird davon ausgegangen, dass in Abhängigkeit von dem aktuellen bindungsbezogenen Stress der Grad des expliziten Mentalisierens abnimmt und ab einem bestimmten Stresslevel nur noch automatisch mentalisiert werden kann. Dieser Umschaltvorgang geht evolutionär bedingt auch mit einer Neigung zu Schutzfunktionen im Sinne von Kampf-, Flucht- oder Freezing-Reaktionen (»fight, flight, fright«) einher (Fonagy und Luyten, 2009).

Der Vorgang wird so verstanden, dass bei steigender emotionaler Erregung kontrollierte und explizite Hirnprozesse im präfrontalen Kortex in automatische und implizite Prozesse im posterioren Kortex und in subkortikale Areale wechseln, um das interpersonelle Stresserleben zu regulieren (▶ Abb. 1). Luyten und Fonagy gehen dabei von einer Wechselwirkung zwischen (interpersonellem) Stress, Aktivierung des Bindungssystems und dem Wechsel von expliziter zu impliziter Mentalisierung aus. Sowohl die Höhe der Schwelle für die Stressreaktion bzw. den Umschaltvorgang als auch die benötigte Zeit, um wieder zum ex-

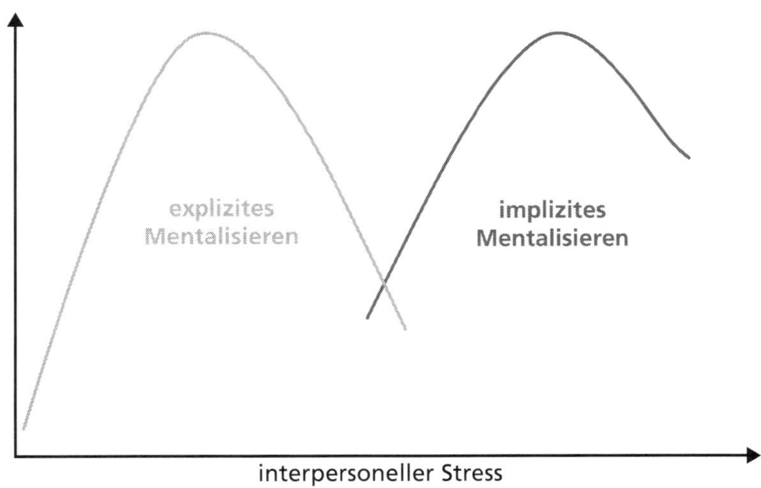

Abb. 1: Das stressabhängige Schaltmodell der Mentalisierung (modifiziert nach Luyten et al., 2012b)

pliziten Mentalisieren zurückzufinden, variiert in Abhängigkeit von den Bindungsrepräsentanzen (Luyten und Fonagy, 2015).

3.3.2 Internal fokussiertes vs. external fokussiertes Mentalisieren

External fokussierte Mentalisierungsvorgänge erfolgen auf der Basis extern ablesbarer Aspekte des Selbst (z. B. eine somatische Sensation) oder eines direkt beobachtbaren Verhaltens (z. B. einem mimischen Ausdruck). Internal fokussierte Mentalisierung zielt auf innerpsychische mentale Zustände ohne direkt sichtbares Korrelat (z. B. was wir basierend auf der Erfahrung über Gefühlsreaktionen einer Person annehmen; Luyten et al., 2012b). Eine Unausgeglichenheit in dieser Dimension kann u. a. eine Verunsicherung über die Motive einer anderen Person bewirken, wenn diese nicht anwesend ist und daher nicht beobachtet werden kann, so dass keine externalen Hinweise zur Einschätzung ihres mentalen Zustands zur Verfügung stehen. Ein zu starker internaler Fokus kann in exzessiven Annahmen bzw. Theorien über andere führen, ohne dass die realen (external beobachtbaren) mentalen Korrelate als Korrektiv der eigenen Annahmen herangezogen werden (etwa eine theoriebasierte Annahme über die innerpsychische Verfassung eines Patienten ohne Hinzuziehung beobachtbarer Anhaltspunkte, z. B. die Aussage »Sie sind doch wütend« einem emotional ausdruckslosen Patienten gegenüber).

3.3.3 Mentalisieren des Selbst vs. Mentalisieren des anderen

Luyten et al. zufolge wird weiter zwischen selbstorientiertem und fremdorientiertem Fokus des Mentalisierens unterschieden (Luyten et al., 2012b). Dabei geht es um die Fokussierung der eigenen mentalen Befindlichkeit bzw. Vorgänge vs. denjenigen einer anderen Person. Empirische Befunde von Bildgebungsuntersuchungen weisen darauf hin, dass die zugrunde liegenden neuronalen Netzwerke sich stark überlappen (Lieberman, 2007; Uddin et al., 2007). Daher ist die Unausgewogenheit auf dieser Dimension häufig mit Einschränkungen im Selbst-

und Fremdverständnis verbunden. Ein zu starker Fokus auf den anderen kann z. B. dazu führen, dass die eigene emotionale Befindlichkeit von derjenigen der Bezugsperson oder des Interaktionspartners, auf die übermäßig fokussiert wird, abhängig ist. Ein zu starker Fokus auf das Selbst kann dagegen mit einer Orientierung des eigenen Verhaltens allein an der Befindlichkeit des Selbst einhergehen, ohne dass echtes Interesse an den mentalen Befindlichkeiten anderer besteht (Bateman und Fonagy, 2016).

3.3.4 Kognitives vs. affektives Mentalisieren

Schließlich wird zwischen einer kognitiven und affektiven Komponente von Mentalisierung unterschieden. Insgesamt ist hier eine Balance zwischen der affektiven Einfühlung in sich und andere auf der einen und dem kognitiven Erfassen von Emotionen oder anderen mentalen Zuständen auf der anderen Seite zu verstehen. Ein zu starkes affektives Mentalisieren (des Selbst) bei entsprechender Beeinträchtigung der kognitiven Funktion zur Regulation eigener mentaler Zustände kann zur Affektüberflutung bei der Beschäftigung mit eigenen mentalen Befindlichkeiten führen. Zu starkes kognitives Mentalisieren (anderer) kann beispielsweise in affektiv unbeteiligtem »Mindreading« bei gleichzeitig eingeschränkter affektiver Empathie für andere bestehen und so zu manipulativem Verhalten führen (Bateman und Fonagy, 2016).

Das untenstehende Beispiel zeigt, wie zentral die Fähigkeit, flexibel und dimensional zu mentalisieren, für unser soziales Funktionsniveau ist.

Beispiel: Multidimensionalität des Mentalisierens

Sie halten als Student ein Referat in einem Seminar. Während Sie sich auf die Vermittlung des Inhalts konzentrieren, »scannen« sie die Gesichter der Zuschauer *implizit*, um festzustellen, ob sie Ihnen folgen können. Sobald Sie mehrere *externale* Signale für Unaufmerksamkeit (Gähnen, Tuscheln, ins Leere starren, einschlafen) feststellen, switchen sie ins *explizite* Mentalisieren und fokussieren, auf die Frage, für welche *internalen* mentalen Zustände die Mimiken der Zuhörer stehen (generelles Desinteresse? Abneigung gegen Sie? Erschöpfung aufgrund der abendlichen Seminarzeit?).[2] Sie sind damit ganz mit der Mentalisierung der *anderen* beschäftigt und müssen jetzt zur Mentalisierung des *Selbst* switchen, um wahrnehmen zu können, was Ihre Beobachtung in Ihnen *affektiv* auslöst (Verunsicherung? Beschämung? Angst? Ärger?) und gleichzeitig *kognitiv* diese Gefühle regulieren[3], indem Sie sich auf Ihre Erfahrung fokussieren, dass die Anzeichen für Unaufmerksamkeit von Mitstudenten in Seminaren meist nichts mit dem Vortragenden persönlich zu tun haben. Sie sind so in der Lage, sich trotz einer kurzfristig erlebten Stressreaktion wieder auf den Inhalt zu konzentrieren und das Referat zu Ende zu halten oder aber Ihren Eindruck zum Anlass zu nehmen, nachzufragen, ob etwas an Ihrer Schilderung nicht klar ist oder Sie evt. bereits bekannte Inhalte vermitteln.

Anhand dieses Beispiels sollte vorstellbar sein, dass bereits leichtere dispositionale (z. B. bei einer sozialen Ängstlichkeit) oder situative (z. B. Überlastung in einer Prüfungsphase) Faktoren mit einer Beeinträchtigung der Fähigkeit zu mentalisieren einhergehen und die Fähigkeit zur Teilnahme am sozialen Leben erschweren können. Bei manifesten psychischen Erkrankungen wie einer emotional instabilen Persönlichkeitsstörung, einer Panikstörung oder einer Depression kann die geschilderte soziale Situation aufgrund der Beeinträchtigung der Fähigkeit zum Mentalisieren häufig gar nicht bewältigt werden und führt zu dauerhafter Vermeidung sozialer Exposition.

---

2 Wenn Ihr explizites Mentalisieren wegen einer starken Stressreaktion hier versagt, greifen Sie auf implizite Annahmen zurück, die bei entsprechenden Bindungserfahrungen bedeuten könnten, dass Sie von der ganzen Gruppe abgelehnt werden. Sie können jetzt nicht weiterreden, fühlen sich wie gelähmt und haben plötzlich ein totales Blackout (»fright«).

3 Wenn Sie die aufkommenden negativen Affekte nicht differenziert wahrnehmen können, werden Sie von diffusen unangenehmen Emotionen überflutet, die Sie nicht relativieren können. Die Reaktion kann so stark sein, dass das Gefühl von Bedrohung so übermächtig wird, dass Sie den Raum fluchtartig verlassen müssen (»flight«).

3.4 Epistemisches Vertrauen

Das relativ neue Konzept des epistemischen Vertrauens (»epistemic trust«; Fonagy et al., 2015) bezeichnet die evolutionär angelegte menschliche Bereitschaft oder Fähigkeit eines Individuums, von einer anderen Person abgegebene Signale und Informationen als vertrauenswürdig, generalisierbar und relevant für sich selbst einschätzen zu können. Soziale Signale können allerdings auch Fehlinformationen enthalten, so dass neben dem Vertrauen auch eine besondere Wachsamkeit entwickelt wird (»epistemic vigilance«; Sperber et al., 2010). Sichere Bindungsbeziehungen sind wegweisend für die Ausgeglichenheit von epistemischem Vertrauen und epistemischer Wachsamkeit in der sozialen Welt. Sogenannte ostensive Kommunikationsformen wie Augenkontakt und zeitlich, inhaltlich, stimmlich und affektiv abgestimmte (kontingente) Reaktionen stellen die Basis für epistemisches Vertrauen dar und begünstigen die Entwicklung einer guten Fähigkeit zu mentalisieren. Epistemisches Misstrauen (»epistemic hypervigilance«), also davon auszugehen, dass aus sozialen Beziehungen vor allem fehlabgestimmte Informationen und Signale resultieren, ist auf der Grundlage unsicherer Bindungserfahrungen besonders für Patienten mit Persönlichkeitsstörungen typisch, d. h., subjektiv gehen sie davon aus, dass aus Interaktionen mit anderen (auch Therapeuten bzw. anderen professionellen Bezugspersonen) per se keine zuverlässigen und hilfreichen Signale gesendet werden. Ein Gefühl von Isolation oder Bedrohung stellt sich auch trotz möglicher benigner Beziehungsangebote ein. Mentalisieren wird als Möglichkeit gesehen, die therapeutische Beziehung so zu gestalten, dass damit eine Art epistemischer Dammbruch für soziales Lernen und interpersonell basierte innerpsychische Veränderungen eröffnet wird (▶ Kap. 9). Die damit verbunde Entwicklung in der Psychotherapie geschieht im Rahmen eines dreistufigen Kommunikationssystems (Fonagy et al., 2015):

1. Ein theoretisches Modell schafft den Rahmen für die Etablierung einer verbindlichen, sicheren Beziehung. Psychoedukative, problem-fokussierte Elemente vermitteln Sicherheit und Verlässlichkeit. Trans-

parenz und Bezogenheit auf die Problemdarstellung des Patienten schaffen den sicheren Rahmen für soziales Lernen. Die Diskussion der klinischen Einschätzung bzw. Diagnose gehört hier ebenso dazu wie eine Verständigung über die Ziele der Behandlung (vgl. initiale Behandlungsphase und Behandlungsplan ▶ Kap. 8).

2. Offenheit, Authentizität und ein spielerischer Umgang mit Perspektiven sowie der Fokus auf Affekte und interpersonelle Situationen führen zur systematischen, prozeduralen Verbesserung der Mentalisierung. Durch den Einsatz ostensiver Kommunikationsmittel (»cues«) und die Abstimmung auf das subjektive Erleben spürt der Patient die kontingente Bezogenheit des Therapeuten. Seine Selbstsicherheit bzw. das Gefühl, »gemeint«, mitbestimmend und handlungsfähig zu sein, werden gestärkt. Dadurch verändern sich die Selbst-, Objekt- und Beziehungsrepräsentanzen (»change of mindset«; Fonagy et al., 2015) (vgl. Haltung und Interventionen ▶ Kap. 5).
3. Die dadurch erfolgende Verbesserung der Mentalisierungsfähigkeit sowie die Symptomreduktion sind ein Katalysator für eine veränderte Offenheit gegenüber den Beziehungen der realen Umwelt. Neue soziale Lernerfahrungen werden möglich und werden zu einer Art Selbstläufer (»virtuous circle«). Benignere Interaktionen in der sozialen Umgebung sind nun der wahre Motor für Veränderung.

4 Kernelemente der Diagnostik

Das Bewusstsein für gelingendes und beeinträchtigtes oder fehlendes Mentalisieren in Bezug auf sich selbst und andere ist eine Grundvoraussetzung für die Arbeit mit der MBT. Misslingen und Gelingen von Mentalisieren sowie Nicht-Mentalisieren können phänomenologisch umschrieben werden. Das Erkennen der drei prä- oder nonmentalistischen Modi bildet einen besonderen Schwerpunkt der klinischen Diagnostik im Patientenkontakt, da daraus entsprechende Interventionen abgeleitet werden. Darüber hinaus kann Mentalisieren auch operationalisiert erfasst werden. Dabei stellt die Reflexive Funktion die operationalisierte Form des Mentalisierens dar. Weitere psychodiagnostische Instrumente können in Annäherung an das Konzept des Mentalisierens ebenfalls eingesetzt werden (▶ Kap. 4.2.2).

4.1 Klinische Diagnostik

4.1.1 Phänomenologie des Mentalisierens

Gutes Mentalisieren zeichnet sich durch folgende Merkmale aus (Bateman und Fonagy, 2016):

- Wahrnehmung der eigenen mentalen Befindlichkeiten
- Anerkennung und Würdigung ihrer Veränderbarkeit
- Prozedurale Entwicklung einer Perspektive

- Skeptische Neugier und Zweifel
- Anerkennung vorbewussten Erlebens
- Bewusstsein über den besonderen Einfluss der Affekte auf Wahrnehmung und Erleben
- Stabilität des Selbstkonzepts, wie z. B. autobiographische Kontinuität
- Toleranz von Unsicherheit und Fähigkeit zur Selbst-Zurücknahme

Wer mentalisiert, …

- denkt flexibel, »steckt« nicht in einer Anschauung fest.
- ist fähig, spielerisch zu sein – mit Humor als Ausdruck von affektiver Beteiligung.
- kann Probleme im Rahmen eines »Gebens und Nehmens« zwischen eigener Perspektive und der Perspektive des anderen lösen.
- beschreibt eigene Erfahrungen, anstatt die Perspektive oder Ansicht des anderen zu definieren.
- fühlt sich gegenüber eigenem Verhalten verantwortlich, anstatt die Auffassung »es widerfährt mir« zu haben.
- ist neugierig bzgl. der Sichtweisen anderer und geht davon aus, die eigene Anschauung durch andere erweitern zu können.

Beeinträchtigungen des Mentalisierens können inhaltlich oder stilistisch sein.

Beispiele für *inhaltliche* Merkmale beeinträchtigten Mentalisierens:

- Fokus auf externe Faktoren (z. B. Schule, Ämter, Nachbarn)
- Fokus auf physische oder strukturelle Etiketten (z. B. müde, »borderline«, depressiv)
- Etikettierung anderer – Verwendung von Stereotypien und Zuschreibungen
- rigide Beschäftigung mit Regeln, Verantwortlichkeiten und gesellschaftlichen Normen

Beispiele für *stilistische* Merkmale beeinträchtigten Mentalisierens:

- übermäßig kognitive Fokussierung auf Motive, Gefühle und Gedanken
- mentale Zustände kommen im Narrativ kaum oder nicht vor
- »wissende« Zuschreibung mentaler Zustände bzw. Gewissheit über Gedanken und Gefühle anderer
- mangelnde Flexibilität des Gedankenflusses (z. B. während depressiver Episode)
- Unnachgiebigkeit

Zur Erfassung spezifischer Mentalisierungsprobleme von Patienten bietet es sich an, in Anlehnung an die vier Dimensionen des Mentalisierens (▶ Kap. 3.3) ein individualisiertes Mentalisierungsprofil zu erstellen (▶ Kap. 7.1) (▶ Abb. 4). In der Fallformulierung werden zudem spezifische Mentalisierungsprobleme mit dem Patienten gemeinsam formuliert (▶ Kap. 6 und ▶ Kap. 8.1).

4.1.2 Prämentalistische Modi

Prämentalistische Modi treten entwicklungsgeschichtlich im Rahmen der normalen Persönlichkeitsentwicklung auf, bevor Mentalisieren ausgebildet ist (▶ Kap. 3.1.2). Im Erwachsenenalter treten diese Modi – insbesondere in unsicheren Bindungssituationen – auf und dienen dem Schutz der Selbstkohärenz. Klinisch werden die Modi auch als non-mentalisitisch beschrieben. Die Fähigkeit zu mentalisieren ist hier deutlich beeinträchtigt und ihre Wiedererlangung erfordert eine aktive innerpsychische bzw. interpersonelle Arbeit. Häufig steht klinisch einer der Modi im Vordergrund, sie können aber auch parallel auftreten.

Teleologischer Modus

Im teleologischen Modus erfolgt eine Überbetonung der äußeren Welt. Mentale Befindlichkeiten werden an Veränderungen der physikalischen Welt gemessen (»mein Bein hat gezuckt, ich war wohl ängstlich«). Die

Motive anderer werden hauptsächlich an deren Handlungen gemessen. Nur real befriedigende Handlungen oder körperliche Eingriffe sind in der Lage, mentales Erleben zu beeinflussen. Akzeptiert werden ausschließlich Veränderungen im physischen Bereich, welche als ein wahrer Beleg für die Intentionen anderer gelten. Der teleologische Modus fokussiert also darauf, Handlungen in Bezug auf ihre physischen anstatt mentalen Bedingungen zu verstehen. Die Umwelt muss »funktionieren«, um innere Spannungszustände zu mindern oder mentales Erleben anderweitig positiv zu beeinflussen. Eigene Handlungen können auch eingesetzt werden, um andere zu etwas zu bewegen. Insgesamt ist der teleologische Modus als externaler Fokus mit Verlust kontrollierten Mentalisierens zu verstehen. Auch ein Missbrauch anderer für teleologische Zwecke (z. B. Kontrolle anderer über »Handlungsdialoge«) kann erfolgen (Bateman und Fonagy, 2016; Euler und Schultz-Venrath, 2014b; Schultz-Venrath, 2013a).

Klinisches Beispiel

Eine Borderline-Patientin kann eine »innere Verletzung« durch einen Mitpatienten nicht mental erleben und verarbeiten und verletzt sich real durch Schnitte in den Unterarm. Trost- und Halt-vermittelnde Worte und Gesten der pflegerischen Bezugsperson erreichen die Patientin nicht. Nur die reale Handlung eines Wundverbands oder gar einer Wundnaht führt zu psychischer Entlastung.

Andere Beispiele für solche real erleb- oder beobachtbaren Veränderungen sind etwa der drängende Wunsch, den Therapeuten zu wechseln, das Angebot zusätzlicher Sitzungen, das Ausstellen von Zeugnissen, die Verordnung somatischer Abklärungen oder das Festlegen eines neuen Minimalgewichts. Nur über die Handlungsebene kann ein mentales Erleben entstehen, verstanden und ernst genommen zu werden. Im Unterschied zum psychodynamischen Verständnis wird in der MBT hier nicht vom »Agieren« gesprochen. Es wird als zentral angesehen, dass Patienten in der Folge einer unsicheren Bindungskonstellation nicht in der Lage sind, auf einer mentalen Ebene zu kommunizieren. Es ist hier die Aufgabe des Therapeuten oder des Teams, dem Patienten so zu begegnen, dass Mentalisieren entwickelt werden kann. Das bedeutet eine hohe Bereitschaft, flexibel auf den Handlungsdruck zu reagieren, der im teleologischen Modus entsteht. Auch Therapeuten und Teams funktionieren gelegentlich im teleologischen Modus (»Die kommt immer zu spät zur Gruppe, die ist gar nicht motiviert«; »Wenn Sie immer wieder Therapiesitzungen absagen, bedeutet das wohl, dass Sie nichts verändern wollen«, »Das ist hier kein Wunschkonzert, wir sollten ihn entlassen, dann wird er schon verstehen, dass es so nicht geht«) und müssen dann selbst für die Wiederherstellung ihrer Mentalisierungskapazität sorgen.

Äquivalenzmodus

Im Äquivalenzmodus erfolgt eine Überbetonung der innerpsychischen Welt, die mit der äußeren Realität gleichgesetzt wird. Es besteht kein Zweifel an der eigenen Haltung, die Realität wird allein über die subjektive Erfahrung oder eigene Sichtweise definiert. Es gibt keine alternative Perspektive oder Veränderungsmöglichkeit. Gleichzeitig besteht eine Intoleranz gegenüber alternativen Perspektiven.

Klinisches Beispiel

Eine Patientin klagt anhaltend, monoton und ohne Sprechpause, fast »atemlos«, über die ungerechte Behandlung durch die soziale Umwelt. Sie sei stets von allen »verarscht« worden. Alle Verwandten hätten sie nach der Scheidung aus der Familie gemobbt, nicht mehr gegrüßt und überall schlecht über sie geredet. Im Narrativ tauchen keine fragenden, zweifelnden oder nachdenklichen Momente auf. Der Therapeut scheint gar nicht die Chance zu haben, eine Nachfrage zu stellen, und resigniert zunehmend in Anbetracht der unverrückbaren Realität der Patientin. Dabei wird sein Wunsch, einen Perspektivenwechsel zu induzieren, immer stärker.

Je länger der Prozess andauert, desto stärker wird auch die Mentalisierungskapazität des Therapeuten beeinträchtigt. Er wird irgendwann ebenfalls im Äquivalenzmodus denken, dass es keinesfalls so sein kann, wie die Patientin ausführt. Es empfiehlt sich also, früh zu intervenieren (▶ Kap. 5.2). Ansonsten wird es zunehmend schwieriger, mit der Realität der Patientin zu spielen (analog dem Vater im Beispiel, Kasten »Prämentalistische Modi« ▶ Kap. 3.2.1).

Als Äquivalenzmodus wird auch verstanden, wenn erschreckende innere Bilder (Ängste, Albträume, Flashbacks) und subjektives Erleben (Minderwertigkeitsgefühle, Beziehungsideen etc.) Realitätscharakter bekommen. Häufig spiegelt der Äquivalenzmodus die Dominanz des eigenen affektiven Zustands, der die Wahrnehmung einengt und verzerrt. Konkretistisches Verstehen ist ebenfalls eine Form des Äquivalenzmodus. Therapeuten wiederum intervenieren nicht selten aus dem Äquivalenzmodus heraus, beispielsweise wenn sie ihre theoretische Herleitung der Patientenpathologie, deren psychodynamisches oder ätiologisches Verständnis für die Realität halten und übermäßig betonen. Die Sichtweise oder Erlebnismodalität des Patienten wird dabei nicht selten aus dem Blick verloren bzw. als kognitive Verzerrung oder Widerstand definiert, ohne ausreichend exploriert zu werden (»Ich denke, *eigentlich* (!) sind Sie traurig. Das Ziel wäre, dass Sie das selbst spüren können!«, »Da steckt auch Aggression gegen mich dahinter, wenn Sie immer wieder suizidal werden«, »Nein, die Nebenwirkung gibt es nicht. Das muss etwas anderes sein«).

Merke: »eigentlich«

»Eigentlich« ist ein Begriff, der beim Therapeuten häufig auf Nichtmentalisieren (Äquivalenzmodus) hinweist. Achten Sie mal darauf, wie Sie Ihre Fähigkeit zum Mentalisieren einschätzen, wenn Sie Patienten sagen oder fragen, worum es gerade »eigentlich« geht.

Als-ob-Modus

Der im Als-ob-Modus (engl. besser: »pretend mode«)[4] erlebte innere Zustand hat keine Implikation für die Außenwelt und umgekehrt. In der

4 Der Begriff »Als-ob« ist missverständlich, da er im Deutschen häufig im Zusammenhang mit der Fähigkeit zu symbolisieren verwendet wird. Symbolisie-

Psychotherapie kommt es zu Gesprächen über Gedanken und Gefühle, ohne dass eine innere (mentale) »Verankerung« besteht bzw. psychische Veränderungsprozesse induziert werden. Insbesondere wenn eine psychologisierte Sprache verwendet wird, spricht man auch vom »Pseudomentalisieren«. Innen- und Außenwelt werden voneinander losgelöst, Körper und Geist sind entkoppelt. Klinisch kann sich dieser Modus auch in dissoziativen Phänomenen äußern.

Klinisches Beispiel

Dem Therapeuten aus obigem Beispiel gelingt es in einer kurzen Sprechpause, nach einer »stop and stand«-Intervention (▶ Kap. 5.2), die Erlebnisweise der Patientin empathisch zu validieren. Durch wohlwollendes Nachfragen gelingt dann eine kurze Irritation des starren Narrativs, die Patientin wirkt für einen kurzen Moment nachdenklich. Plötzlich wirkt sie wie abgeschottet, starrt mit leeren Augen in die Ferne, reagiert nicht mehr auf Nachfragen. Schließlich berichtet sie von imperativen Stimmen, die sie vom Gespräch abgelenkt hätten, sie wisse nicht mehr, worum es gegangen sei und was der Therapeut gesagt habe.

Bezüglich anderer können im Als-ob-Modus ggf. exzessiv Rückschlüsse auf mentales Erleben getroffen werden, ohne dass deren subjektives Erleben Berücksichtigung findet (»Hypermentalisieren«). Auch vor dem Als-ob-Modus sind Therapeuten nicht geschützt. So ist das Rekurrieren auf theoretische Erläuterungen (psychoedukatorische Exkurse) oder auch ein harmonisierender, wenig konfrontativer therapeutischer Habitus nicht selten ein Schutz davor, mit den hochdynamischen und ggf. auch aggressiven inneren Anteilen der Patienten in Kontakt zu treten, um so explosive oder bedrohliche interaktionelle Prozesse zu vermeiden. Bewusst und kontrolliert eingesetzt kann der Als-ob-Modus durchaus auch eine konstruktive Funktion haben, beispielsweise für den Therapeuten, um durch einen kurzzeitigen inneren Rückzug selbst wieder

---

ren stellt im Gegensatz zum prämentalistischen Als-ob-Modus aber eine reife psychische Leistung dar.

ins Mentalisieren zurückzufinden, oder auch in Gruppen, in denen Therapeuten Pseudomentalisieren im Sinne einer »Verschnaufpause« oder zum »Aufwärmen« zeitweise tolerieren können.

Merke: Hyper-/Pseudomentalisieren

Hyper- und Pseudomentalisieren haben die Funktion, durch exzessives und/oder inakkurates Mentalisieren eigene oder fremde mentale Inhalte »unschädlich« zu machen, wenn diese für die Selbstkohärenz als bedrohlich erlebt werden. Pseudomentalisieren in Bezug auf das Selbst schützt davor, von nicht bewältigbaren, häufig undifferenzierten negativen Affekten (z. B. Trauer, Scham, Angst) überflutet zu werden. Hypermentalisieren bezüglich anderer kann die Funktion haben, sich vor einer potentiell feindseligen Haltung des anderen zu schützen, indem sie durch Hypermentalisieren vermeintlich kontrollierbar wird, oder sich an den (vermeintlichen) inneren Zustand des Gegenübers anpassen zu können. Das Narrativ ist dabei kognitiv getönt, wirkt hölzern und redundant (Bateman und Fonagy, 2012a). Pseudomentalisieren klingt wie Mentalisieren »aus der Dose« (Bateman und Fonagy, 2016, S. 104) und kann intrusiv, überaktiv-inakkurat oder destruktiv inakkurat sein (Bateman und Fonagy, 2016; Taubner et al., in press).

Beispiel: Pseudomentalisieren/Hypermentalisieren

Der Oberarzt hat die Aufgabe, die stationäre Psychotherapie einer Patientin zu beenden, da ihre Behandlung für sie selbst, das Team und die Patientengruppe wegen anhaltender Selbstverletzungen, Suiziddrohungen und exzessiven Alkoholkonsums trotz mehrerer Versuche, kollaborativ ein Arbeitsbündnis zu etablieren, nicht mehr konstruktiv entwickelbar erscheint. Wie üblich soll der Patientin eine spätere Wiederaufnahme der Behandlung in Aussicht gestellt werden. Der Oberarzt bittet die Patientin nach einem turbulenten Wochenende montagmorgens zu einem außerplanmäßigen Gespräch. Er stellt sich vor, mit ihr gemeinsam über die Probleme im Behandlungsverlauf reflektieren zu können, noch bevor er ihr die anstehende Entlassung ankündigt. Die Patientin benennt als Problem der Behandlung ein »bekanntes Gefühl«, was der fallführende Therapeut in ihr ausgelöst habe.

Oa: Ich frage mich, was verrät uns das über Sie … scheinbar ein Gefühl, was Sie kennen, Sie haben gesagt, dass das immer wieder auftritt … und *warum* (!) tritt dieses Gefühl immer wieder auf?

P: Weil ich mir wahrscheinlich Leute aussuche, die mir das vermitteln, um in irgendeinem kindlichen Unterbewusstsein die Situation meiner Familie wieder um mich zu bilden.

Oa: So kompliziert?

P: Ja, manchmal bildet man sich ja wieder dieselbe Umgebung, wie man's früher hatte als Kind, weil das kindliche Bewusstsein meint, es sei schuld an dem, was geschehen ist, und dann versucht man das unterbewusst später wieder zu fabrizieren, um das besser zu machen … mit einer Affinität, das wieder erleben zu wollen, weil man denkt, man ist schuld.

Die Patientin erfasst (hypermentalisiert) hier die kognitiven Annahmen (psychodynamischen Überlegungen) des Oberarztes (möglicherweise auch unterstützt durch nicht-mentalisierte Therapie-Introjekte aus früheren Therapien) und formuliert (pseudomentalisiert) in Bezug auf sich selbst, losgelöst von der Dynamik der Ereignisse und möglichen eigenen Affekten, eine scheinbare innerpsychische Erklärung für das im Raum stehende Ende der Therapie.

Der Als-ob-Modus dient hier vermutlich als Schutz vor dem drohenden inneren Chaos anlässlich der bevorstehenden Entlassung in desolate psychosoziale Verhältnisse. Der potentiell bedrohliche mentale Zustand des Gegenübers wird durch kognitives Hypermentalisieren entschärft. Der Oberarzt verkennt hier die begrenzte Mentalisierungskapazität der Patientin in einer höchst unsicheren Bindungssituation. Seine Aufgabe würde darin bestehen, praktische Aspekte zu fokussieren, die Patientin für ihre Anstrengung, sich einer stationären Psychotherapie zu unterziehen, empathisch zu valdieren und die Entlassung supportiv zu begleiten.

Den non-mentalistischen Modi von Patienten entsprechen häufig spezifische Gegenübertragungsreaktionen, die für die diagnostische Erfassung der Modi hilfreich sein können (▶ Tab. 2).

Tab. 2: Gegenübertragungsreaktionen bei den unterschiedlichen Modi (modifiziert nach Bateman und Fonagy, 2016)

Modus des Patienten	Reaktion des Therapeuten
Teleologischer Modus	• Impuls, etwas zu tun (Medikamente, Telefonate) • Copingstrategien vorschlagen • praktische Tipps geben • Sitzungen werden überzogen
Äquivalenz-modus	• Verwirrung/Verunsicherung • exzessives Nicken • keine Ideen für Interventionen • Ärger • starker Wunsch, eine alternative Sichtweise einzubringen, den Patienten vom Gegenteil zu überzeugen (»Ja, aber …«)
Als-ob-Modus	• Langeweile • Empfinden der Schilderungen als banal • geistiger Switch auf »Autopilot« • keine affektive Resonanz • kann sich fälschlich als produktiv anfühlen

Merke: »warum«

Warum- (bzw. Wieso- etc.) Fragen (»Warum haben Sie denn die Überdosis Tabletten genommen«) lösen regelmäßig Pseudomentalisieren aus, vor allem, wenn sie die Mentalisierungskapazität der Patienten überfordern. Achten Sie darauf, ob Patienten ggf. pseudomentalisieren, wenn Sie »Warum«-Fragen stellen.

4.2 Operationalisierte Untersuchung des Mentalisierens

4.2.1 Reflexive Funktion (reflective function)

Die *Reflective Functioning Scale (RFS)* (Fonagy et al., 1998; Taubner et al., 2013a) gilt allgemein als das Standard-Instrument zur Messung von Mentalisieren (Übersicht bei Daudert, 2002). Die RFS wurde zunächst als Erweiterung der Kohärenzskala des *Adult Attachment Interviews (AAI)* George et al., 1984, 1985, 1996) entwickelt. Das AAI ist ein semistrukturiertes Interview, bestehend aus 20 Fragen, die in einer festgelegten Reihenfolge gestellt und mit standardisierten Nachfragen ergänzt werden können. Die Interviewpartner werden im AAI aufgefordert, über die Beziehung zu ihren Eltern in der Kindheit zu reflektieren, indem sie fünf Adjektive auswählen, die die jeweilige Beziehung beschreiben, und dazu passende spezifische Erinnerungen zu berichten. Danach folgen Fragen zum familiären Umgang mit Verletzungen, Krankheiten oder Kummer. Darüber hinaus wird nach Erinnerungen zu Trennungen, Verlusten sowie Erfahrungen von Zurückweisung und Bedrohung durch die Eltern gefragt bis hin zu Erfahrungen von emotionalem, physischen oder sexuellen Missbrauch. Durch den Ablauf der Fragen wird im Verlauf des Interviews ein immer höherer Stresslevel erreicht. Das Interview fordert immer wieder dazu auf, über die elterliche Erziehungsweise zu reflektieren und darüber, wie die Erfahrungen mit den Eltern die eigene Persönlichkeit beeinflusst haben.

Die RFS dient als Rating-Instrument der Mentalisierung, indem das AAI durchgeführt wird. Es erhebt das Ausmaß, in dem der Patient seine bindungsbezogenen Erfahrungen auf der Grundlage mentaler Befindlichkeiten versteht und reflektieren kann (Fonagy et al., 1998). Die Interviewaussagen im AAI werden auf einer 11-stufigen Skala von »anti-reflexiv« (–1) bis »außergewöhnlich reflektiert« kodiert (9) (► Tab. 3). Qualitative Marker für reflexive Funktion (RF) sind die Anerkennung der Verborgenheit mentaler Befindlichkeiten, entwicklungsbezogene Aspekte von psychischem Erleben und das ausdrückliche Bemühen, Verhalten mit mentalen Befindlichkeiten zu verstehen. Anti-reflexive Antworten stellen schwerwiegende Einbrüche in der Kohärenz dar oder beinhalten Feindseligkeit gegenüber dem Interviewer (z. B. »Woher soll ich das denn wissen? Sie sind doch der verdammte Psychologe!«). Abwesende bis niedrige Mentalisierung wird dann kodiert, wenn Antworten sich durch Konkretismus und der Abwesenheit psychologischer Erklärungen für menschliches Verhalten auszeichnen. Die Bewertung einer niedrigen Mentalisierung wird dann vergeben, wenn mentale Begriffe klischeehaft oder stark verallgemeinert verwendet werden (z. B. beim Pseudomentalisieren). Durchschnittliche bis hohe Wertungen werden vergeben, wenn die Interviewpassage qualitative Merkmale von Mentalisieren enthält. Je mehr der Interviewte eine originelle, komplexe und elaborierte psychologische Theorie entwickelt, desto eher nähert sich das Rating dem Höchstwert der RFS an. Außergewöhnlich reflektierte Antworten enthalten eine mentale Reflexion aller an einer Interaktion Beteiligter und weisen auf die Fähigkeit hin, mentalisierend über traumatische Erlebnisse in Bindungsbeziehungen sprechen zu können.

Tab. 3: Skalierung der Reflective Functioning Scale (RFS)

9	außergewöhnliche	
7	ausgeprägte	durchschnittliche bis hohe RF
5	deutliche, allgemeine	
3	fragliche oder niedrige	
1	abwesende	niedrige bis negative RF
–1	negative	

Die RFS zeigt eine gute Interrater-Reliabilität, wenn die Kodierer trainiert sind (Fonagy et al., 1998). Die diskriminante und konvergente Validität der RFS konnte durch unabhängige Forschergruppen belegt werden (Bouchard et al., 2008; Müller et al., 2006). In einer psychometrischen Überprüfung der Skala konnte gezeigt werden, dass der RF-Gesamtwert aus zwei hoch korrelierenden Faktoren besteht: der Reflexionsfähigkeit der aktuellen und der vergangenen Bindungsbeziehungen (Taubner et al., 2013a). Kritisch kann angemerkt werden, dass durch die Methode auf kognitives Mentalisieren fokussiert wird und affektives Mentalisieren schwieriger abbildbar ist. Die Verwendung der RFS zur Erfassung von Mentalisierungsfähigkeiten ist zudem sehr aufwändig. Das Interview selbst dauert bis zu zwei Stunden, welches anschließend für die Auswertung transkribiert werden muss. Damit entsteht für eine RF-Kodierung ein Arbeitsaufwand von etwa 15 Stunden. Aus diesen Gründen wurde neben der RFS ein Fragebogen, der *Reflective Function Questionnaire (RFQ)*, mit 54 Items entwickelt, mit dem sich Mentalisieren quantifizieren lässt (Fonagy et al., 2016). Eine deutsche Version liegt vor und wird gegenwärtig in einer multizentrischen Studie validiert.

Beispielitems aus dem Reflective Function Questionnaire (RFQ) (Fonagy, 2016):

5. Ich achte darauf, welchen Einfluss meine Handlungen auf die Gefühle anderer haben.
9. Wie ich mich gerade fühle, hat schnell Einfluss darauf, wie ich das Verhalten anderer verstehe.
12. Ich bin mir oft nicht sicher, was ich gerade fühle.
18. Es ist für mich wirklich schwierig herauszufinden, was in den Köpfen anderer Leute vor sich geht.
20. Wenn ich wütend werde, sage ich Dinge, ohne wirklich zu wissen, warum ich sie sage.
26. Die Gedanken und Gefühle anderer verwirren mich.
29. Ich habe gelernt, dass ich andere fragen muss, wenn ich genau verstehen will, was sie fühlen.
36. Wenn ich wütend werde, sage ich Dinge, die mir später leidtun.
49. Ich glaube, dass es nicht die einzig richtige Weise gibt, eine Situation zu begreifen.
54. Ich glaube, dass andere viel zu verwirrend sind; deshalb lohnt es sich nicht, sie verstehen zu wollen.

4.2.2 Andere Untersuchungsverfahren

Neben RFS und RFQ wurden noch weitere Untersuchungsinstrumente entwickelt, um Mentalisieren empirisch zu erfassen. Neben Fragebögen lassen sich dabei insbesondere Interview-basierte sowie computergestützte Methoden unterscheiden. Tabelle 4 stellt eine Übersicht der aktuell verfügbaren Methoden dar (▸ Tab. 4). Die Zusammenstellung ist eine modifizierte Version der Auflistung von Bateman und Fonagy (2016) und deren Erweiterung durch Taubner et al. (2017).

Tab. 4: Messinstrumente zur Erfassung verschiedener Dimensionen von Mentalisierung

	Selbst – andere		kognitiv – affektiv		internal – external		automatisch – kontrolliert	
	Selbst	**andere**	**kognitiv**	**affektiv**	**internal**	**external**	**automatisch**	**kontrolliert**
Interviews/narrative Kodierungssysteme/Fragebögen								
Adult Attachment Interview-Reflective Functioning Scale (Fonagy et al., 1998)	+	+	+	+	+	(+)	(+)	+
Parent Development Interview-Reflective Functioning Scale (Müller-Göttken et al., 2014)	+	+	+	+	+	(+)	(+)	+
Working Model of the Child Interview-Reflective Functioning Scale (Grienenberg et al., 2005)	+	+	+	+	+	(+)	(+)	+
Toronto Structured Interview for Alexithymia (Grabe et al., 2009)	+	–	+	+	+	–	(+)	+
Metacognition Assessment Scale (Semerani et al., 2007)	+	+	+	+	+	–	(+)	+
The Mentalization Scale (MentS) (Dimitrijević et al., 2017)	+	+	+	+	+	(+)	(+)	+
experimentelle Beobachtungssysteme								
Reading the Mind in the Eyes Test (Baron-Cohen et al., 2001)	–	+	+	+	–	+	–	+
Reading the Mind in the Voice Test (Rutherford et al., 2007)	–	+	+	+	–	+	–	+
Reading the Mind in Films Task (Golan et al., 2006)	–	+	+	+	+	+	–	+
International Affective Picture System (Grühn und Scheibe, 2008)	–	+	+	+	–	+	–	+
NimStim Set of Facial Expressions (Tottenham et al., 2009)	–	+	+	+	–	+	–	+

5 Kernelemente der Therapie

»The patient is not ›hard to reach‹ but we find it hard to reach him/her« (Fonagy et al., 2015, S. 592).

5.1 Therapeutische Haltung

Die therapeutische Grundhaltung ist in der MBT zentral und insgesamt von größerer Bedeutung als die einzelnen Techniken bzw. Interventionen. Die Haltung ist eng mit dem zugrundeliegenden Konzept des Mentalisierens und seiner entwicklungsgeschichtlichen Entstehung verbunden (▶ Kap. 3). Die therapeutische Haltung zeichnet sich durch den »not knowing stance« (nicht-wissende Grundhaltung) und den »collaborative stance« (kollaborative Grundhaltung) aus (Bateman und Fonagy, 2016; Fonagy et al., 2015). Dies bedeutet, dass in der MBT grundsätzlich davon ausgegangen wird, dass der Therapeut die innere Realität eines Patienten nicht primär aus einer Beobachterposition erfassen kann. Er zeigt sich vielmehr durchgehend interessiert daran, diese gemeinsam mit dem Patienten zu erkunden und die Welt mit den Augen des Patienten zu sehen (Fonagy et al., 2015). Das Vorgehen in der Therapie ist durch eine spielerische Suchbewegung bezüglich des mentalen Erlebens von Selbst und anderen (inklusive des Therapeuten und der anderen Gruppenmitglieder) und durch ein gedanklich-emotionales »Spielen« mit Möglichkeiten und Perspektiven auf einem »Spielplatz« (Bateman et al., 2012, S. 14) geprägt (Allen et al., 2008; Fonagy et al., 2012). In der

MBT hat die »systematische Feinabstimmung des Interventionsstils« (Bolm, 2009) eine besondere Relevanz.

Merke: *Cave* Pseudo-not-knowing

Achten Sie darauf, dass Sie nicht versuchen, »nicht-wissend« zu intervenieren, wenn Sie einer inneren Hypothese folgen. Nicht-Wissen ist eine Form der Haltung, nicht der Intervention. Es geht primär darum, sich stets zu vergegenwärtigen, dass die eigene Vorstellung nur eine mögliche Sichtweise von vielen ist und wenig mit »Realität« zu tun hat.

Die nicht-wissende Grundhaltung steht nicht selten im Konflikt mit dem, was Patienten von uns erwarten (»Sie sind doch der Arzt«, »Sie haben doch sicher meine Akte gelesen«, »Sie verstehen ja gar nichts und ich dachte, ich bekomme Tipps von Ihnen«), aber auch mit unserer Sozialisation und unserem Selbstverständnis als professionelle Helfer. Nicht zuletzt müssen wir bestimmte Anforderungen erfüllen, die einer nicht-wissenden Grundhaltung widersprechen wie die Stellung einer Diagnose, das Verfassen eines Antrags für die Kostenübernahme oder auch die Anerkennung der Institutionen und Supervisoren, die die Richtlinienpsychotherapie vertreten. Insofern hat die nicht-wissende Haltung auch einen Relativitätscharakter, der je nach Kontext besser oder schlechter anwendbar ist. Es handelt sich bei der nicht-wissenden Grundhaltung in der MBT um eine Haltung, die nicht mit dem psychoanalytischen Begriff von technischer Neutralität oder Abstinenz gleichzusetzen ist, bei dem der Therapeut im Sinne einer »weißen Wand« gleichschwebend aufmerksam die Projektionen des Patienten empfängt, bis er eine Hypothese zum unbewussten Konflikt generiert hat, die er dann durch Deutung zum Ausdruck bringen kann. Der Therapeut in der MBT ist stets real präsent und mit dem Patienten im diskursiven Austausch über innere Prozesse (s. u. self disclosure). Gegenstand der Untersuchung ist allein der affektive und der interaktionelle Prozess und nicht die patientenzentrierte, tiefenpsychologische Aufdeckungsarbeit durch den verstehenden Blick des Analytikers. Andererseits bestehen durchaus Überschneidungen mit der psychoanalytischen Theoriebildung im Sinne der relationalen und intersubjektiven Psychoanalyse (Stolorow et al., 2014) (▶ Kap. 2.1).

Um die nicht-wissende Grundhaltung einnehmen zu können, muss ein Therapeut auch aushalten, vieles nicht zu verstehen (Skårderud und Fonagy, 2012). Er sollte die eigenen Annahmen immer wieder kritisch hinterfragen. Es geht hierbei gewissermaßen um die permanente Betonung der »Subjektivität von Realität« (Bateman und Fonagy, 2016; Fonagy et al., 2015).

Das übergeordnete Ziel der nicht-wissenden Grundhaltung in der MBT ist die Förderung der prozeduralen Fähigkeit des Patienten zu mentalisieren. Dabei steht der Prozess des Explorierens mentaler Prozesse im Vordergrund, inhaltliche Einsicht oder konkrete Ratschläge sind von untergeordneter Bedeutung. Die nicht-wissende Grundhaltung beinhaltet auch, anzuerkennen, dass wir insgesamt nur eine ungefähre Vorstellung der inneren, »opaken« mentalen Zustände entwickeln, diese nur erahnen und näherungsweise ergründen können.

Haltung und Technik der MBT sind an der zugrunde liegenden Theorie orientiert, dass interpersonelle Situationen unsichere Bindungsmuster aktivieren und dadurch emotionale Anspannung auslösen, die durch prämentalistische psychische Funktionsmodi auf neuronaler subkortikaler Ebene (»fright, flight, fight«) auslösen und Mentalisieren und damit die interpersonelle, kortikale bzw. metapsychologische Auseinandersetzung mit mentalen Zuständen erschweren oder sogar verunmöglichen. Das primäre Ziel ist demnach immer, einen sicheren Bindungskontext herzustellen, um die psychische Spannung zu regulieren. Unter sorgfältiger Balance einer zu hohen oder zu niedrigen affektiven Intensität wird durch die nicht-wissende, kollaborative Grundhaltung Mentalisieren aufrechterhalten oder entwickelt. Der Therapeut mentalisiert hierbei nicht stellvertretend für den Patienten, indem er beispielsweise dessen Affekte benennt oder dessen Handlungen über die Verknüpfung mit mentalen Zuständen Bedeutung verleiht. Er bemüht sich vielmehr, durch affektfokussiertes Fragen mit Bezug auf interpersonelle Situationen inklusive der Beziehung zum Therapeuten im Hier und jetzt das Mentalisieren des Patienten zu fördern und dabei stets die aktuelle Mentalisierungskapazität des Patienten zu berücksichtigen und die eigenen Interventionen daran und an das Angst-, Unsicherheits- oder Erregungslevel (»arousal«) anzupassen. Die einzelnen Interventionen folgen einer dynamischen Hierarchisierung, für deren Auswahl die aktuelle Mentalisierungskapazität wegweisend ist. Die Hierarchie beginnt mit empathischer Validierung über Exploration, Klarifikation und Challenge (z. B. milde Irritation durch wohlwollendes Infragestellen) bis hin zum Identifizieren von Affekten im interpersonellen Kontext und schließlich zur Mentalisierung der Beziehung im Hier und jetzt der therapeutischen Situation (► Abb. 2; vgl. auch Bateman und Fonagy, 2012b, Table 3-2). Dabei wird die Mentalisierung akutell vorhandener affektiver Zustände (»mentalized affectifity«) in einer interpersonellen Situation als besonders anspruchsvoll angesehen und erfordert ein hohes Level an Sicherheit.

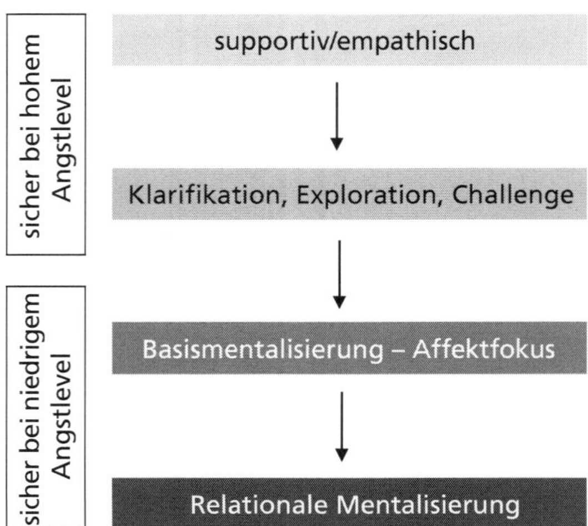

Abb. 2: Interventionshierarchie in Abhängigkeit vom Angst(»Arousal«)-Level

Merke: »Don't blame the patient!«

Im klinischen Kontext passiert es immer wieder, dass wir selbst als Therapeuten oder auch als Teams in schwierigen interaktionellen Situationen mit Patienten Gefühle von Ohnmacht, Unsicherheit, Ärger oder Hilflosigkeit erleben. Das sind einerseits normale Gefühle in der Arbeit mit strukturell beeinträchtigten Patienten, andererseits ist es in diesen Momenten die vordingliche Aufgabe des Klinikers bzw. der Teams, ins Mentaliseiren zurückzufinden, um dem Patienten ein hilfreiches Beziehungsangebot machen zu können. Es wird aus Perspektive der MBT als wenig hilfreich angesehen, Gegenübertragungsanalysen durchzuführen oder projektive Mechanismen bzw. dysfunktionales Verhalten oder maladaptive Schemata zu identifizieren und diese auf den Patienten zurückzuführen bzw. diese als korrektives Gegenüber für ihn zu benennen. Die Gefahr, dass solche Interventionen vom Patienten als invalidierend erlebt werden (häufig zu recht, da ein negativer Gegenübertragungsaffekt in den seltensten Fällen nonverbal ganz neutralisiert werden kann) und seine Mentalisierungskapazität sich weiter verringert, ist hier sehr groß und hilft sowohl dem Patienten als auch dem Behandler nicht weiter. Dynamische interpersonelle Verwicklungen werden also vor allem durch eine Haltungsänderung auf Behandlerseite gelöst und nicht durch die Induktion von Veränderung auf der Patientenseite.

5.2 Interventionelle Prinzipien

Prinzipiell folgt jede therapeutische Sitzung einem dynamisch hierarchisierten Ablauf. In der Regel wird ein zeitlich so nah wie möglich zurückliegendes, meist interaktionell bedeutsames Ereignis außerhalb (»dort und dann«) oder auch innerhalb der Therapie (»hier und jetzt«), fokussiert. Erst nach der gemeinsamen Entwicklung eines kohärenten

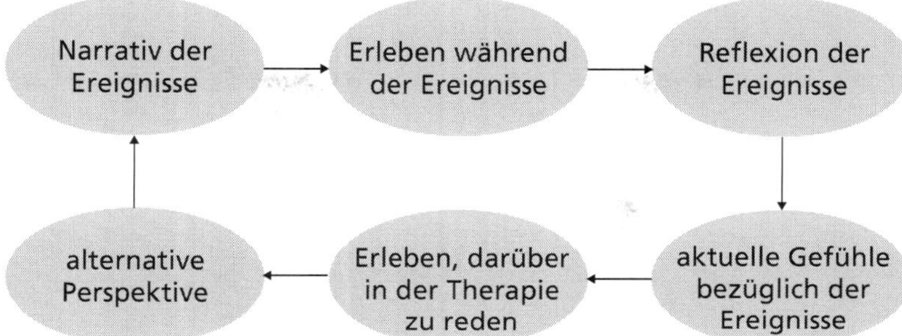

Abb. 3: Dynamische Hierarchie im Verlauf einer Sitzung (modifiziert nach Bateman und Fonagy, 2016. Mit freundlicher Genehmigung von Oxford University Press.)

Narrativs über den Ablauf der Ereignisse wird das mentale Erleben in der entsprechenden Situation untersucht und reflektiert. Daran anschließend werden die Affekte in der Situation des Erzählens mit dem Therapeuten, wenn möglich insbesondere auch gemeinsam erlebte Affekte, fokussiert (▶ Abb. 3).

Der Prozess des psychotherapeutischen Gesprächs läuft ausgehend von der »story« des Patienten über die Entwicklung eines »coherent narrative« (Klarifikation) zur Fokussierung auf »mental states« – zunächst im »dort und dann« (Affektelaboration) zum »hier und jetzt« (Affektfokus) – bis hin zum Mentalisieren der therapeutischen Beziehung (▶ Kap. 5.3) (Bateman und Fonagy, 2016).

Die explizite Identifizierung und Verbalisierung von aktuell vorhandenen Affekten (»mentalized affectivity«) ist für Patienten mit Mentalisierungsdefiziten besonders zentral, da in Situationen, in denen Bindungsmuster aktiviert werden, starke Affekte auftreten, gleichzeitig jedoch die Fähigkeit zum expliziten Mentalisieren verloren geht. Wenn es möglich ist, sollte versucht werden, diese von Patient und Therapeut gemeinsam erlebten Affekte zu benennen, nachdem die entsprechende Vorarbeit geleistet wurde (Euler und Schultz-Venrath, 2014a). Ein besonderes Augenmerk sollte der Therapeut auch auf spürbare, nicht verbalisierte Affekte legen, die als sogenannter »elefant in the room« identifiziert und gemeinsam benannt werden können (Bateman und Fonagy, 2016).

Beispiel: »elefant in the room« – gemeinsam erlebte Affekte

Die 18-monatige Therapie (intensive ambulante Behandlung, IOP) endet in wenigen Wochen. Subjektiv geht es der Patientin schlechter, als zu Beginn der Behandlung. Selbstverletztendes Verhalten erfolgt wieder häufiger. Anhand einer Selbstverletzung, die kurz vor der Sitzung stattgefunden hat, so dass die Patientin wegen der somatischen Versorgung viel zu spät zur Therapie kam, lässt sich die Wut und Enttäuschung gegenüber dem Therapeuten herausarbeiten. Der Therapeut seinerseits offenbart eigene Zweifel und Sorge bezüglich des Endes einer scheinbar erfolglosen Behandlung. Im interaktionellen, explorativen Prozess lassen sich schließlich auch traurige Gefühle und eine beidseitige Verunsicherung hinsichtlich des weiteren Verlaufs für die Patientin als gemeinsame und teilbare Affekte identifizieren. Die damit einhergehende emotionale Verbundenheit kann ebenfalls verbalisiert werden und wird zu einem zentralen Moment in der Behandlung, auf den in den Sitzungen bis zum Abschluss der Therapie immer wieder rekurriert werden kann.

MBT ist nicht so zu verstehen, dass der Therapeut dem Patienten beibringt, wie man mentalisiert, also über eigene Gefühle und Gedanken und diejenigen anderer nachdenkt. Hier entsteht ein häufiges Missverständnis, so dass Therapeuten in der Psychotherapie zu stark stellvertretend für Patienten mentalisieren, anstatt den gemeinsamen Prozess des Mentalisierens zu fördern und den Patienten durch Kreation eines entängstigenden Klimas für eine neugierige (selbst-)explorative Haltung zu gewinnen. In der MBT kommt es durch den andauernden Prozess des gemeinsamen Mentalisierens zu innerpsychischen, repräsentationalen Veränderungen, die rigide und automatisierte mentale Abläufe transkribieren, flexibilisieren bzw. neu konstituieren, so dass ein größerer innerer Freiraum für soziales Lernen, Denken und Fühlen und damit anhaltende Verhaltensmodifikationen entsteht (Fonagy et al., 2015). Um dies zu gewährleisten, werden Patienten in der MBT am innerpsychischen (mentalen) Prozess des Therapeuten beteiligt. Das bedeutet vor allem, dass der Therapeut den Prozess seines Denkens und Fühlens offenlegt und nicht nur dessen Resultat (Analyse der Gegenübertragungsreaktion, schlüssige Interpretation, Aussage zur Induktion einer kognitiven Umstrukturierung etc.).

In der MBT kann ein Therapeut im Sinne der sogenannten Selbstoffenbarung (»self-disclosure«) etwas über sich mitteilen, wenn es der Förderung des gemeinsamen Mentalisierens dient. So kann er z. B. Unsicherheiten, Zweifel und Erfahrungen offenbaren. Der Therapeut sollte vor allem seinen eigenen Denkprozess oder sein eigenes affektives Erleben ansprechen. Er muss dabei sorgfältig darauf achten, dies als zu sich gehörig zu kennzeichnen und beispielsweise negative Affekte nicht (allein) als Reaktion auf den Patienten zu deklarieren.

Beispielsätze: Selbstoffenbarung

»Ich bin mir nicht sicher, ob ich mich eher zurückhalten oder weiter fragen soll. Vielleicht können Sie mir helfen, das zu entscheiden?«
»Ich glaube, an Ihrer Stelle wäre ich wütend geworden. Ihnen ging es aber ganz anders ...?«
»Ich denke im Nachhinein, ich hätte Sie am Ende der letzten Stunde nicht so drängen sollen, noch von der Konfliktsituation am Arbeitsplatz zu erzählen. Wie ging es Ihnen denn nach der Sitzung?«
»Wenn ich mich ärgere, kann ich auch nicht so gut nachdenken. Kennen Sie das nicht?«

Auch ist es wichtig, dass die Selbstoffenbarung nicht primär der eigenen Entlastung dient oder einfach als Feststellung unmarkiert in den Raum gestellt wird (»Ich merke gerade, dass ich wütend werde«). Stattdessen wird der Affekt (mit)geteilt, zunächst als zum Therapeuten gehörig deklariert und ggf. mit einer Frage bezüglich der Interaktion verknüpft, wenn die aktuelle Mentalisierungskapazität dafür ausreichend ist (»Wenn ich Sie kurz unterbrechen darf, ich spüre, dass ich ein wenig unruhig werde. Vielleicht habe ich mir auch für heute zu viel vorgenommen, aber ich wollte es gern ansprechen. Denken Sie, dass es uns gelingen wird, der gestrigen Selbstverletzung noch etwas Zeit zu widmen? Was meinen Sie?«). Therapeuten sollen außerdem aktiv eigene »Fehler« thematisieren, das heißt z. B. ausdrücken, dass die eine oder andere Intervention oder Wortwahl ungeschickt gewesen sein könnte.

Auch Entschuldigungen im Sinne der Übernahme des Eigenanteils an sozialer Verantwortung für interaktionelle Störungen werden als angemessen angesehen. Manchmal gelingt es etwa durch das Äußern bzw. »Entladen« eigener negativer Affekte, das eigene Mentalisieren wiederherzustellen. Wichtig ist, dass dies kontrolliert und dosiert erfolgt – und/oder in jedem Falle auch selbstkritisch hinterfragt wird (»Vielleicht habe ich da jetzt ein wenig ruppig unterbrochen, das tut mir leid, vielleicht bin ich ein wenig ungeduldig geworden. Ich mache mir Sorgen, weil wir noch nicht über die Selbstverletzung von gestern sprechen konnten. Können Sie das nachvollziehen?«). Bei der Selbstoffenbarung im Rahmen des integrativen Mentalisierens der Beziehung ist es zentral, sich bewusst darüber zu sein, ob es darum geht, das eigene Mentalisieren wiederherzustellen, die Untersuchung einer wichtigen emotionalen Interaktion innerhalb der Beziehung anzubieten (▶ Kap. 5.3) oder zu betonen, dass Mentales sich gegenseitig beeinflusst (Bateman und Fonagy, 2016, S. 283).

Sogenannte Gegenbewegungen (»contrary moves«) in Anlehnung an die Dimensionen des Mentalisierens (▶ Tab. 1) durch den Therapeuten helfen dabei, dass flexibel und dynamisch mentalisiert wird. Das heißt, dass beispielsweise bei zu starker Konzentration auf kognitive Reflexion affektives Erleben fokussiert oder bei starker Fixierung auf eigene Affekte die Auseinandersetzung mit dem mentalen Erleben anderer Beteiligter induziert wird. In der MBT wird versucht, eine Balance zwischen den Polen zu finden. Ist der Level an affektiver Anspannung zu hoch, zielen Interventionen auf ein kognitives Ordnen des Geschehens ab, umgekehrt werden die Affekte aktiv evoziert (z. B. durch ein stärker irritierendes »challenging«), wenn die Sitzung affektiv flach verläuft. Patienten brauchen wie alle anderen Menschen ein Gefühl von Sicherheit und Orientierung im sozialen Kontext, aber um Entwicklung zu fördern, ist die Fähigkeit zur Toleranz von Unsicherheiten und Zweifeln wesentlich. Dabei sind häufig »kontraintuitive« Interventionen nötig, etwa wenn statt des Impulses des Therapeuten, einen Perspektivenwechsel zu induzieren, die Perspektive des Patienten empathisch validiert werden muss. Auch wenn trotz eines Impulses, besonders stark die emotionale Verbundenheit zum Patienten auszudrücken, eine eher kognitive, distanzierte Intervention erfolgt, um die Bindungs- bzw. Mentalisierungskapazität nicht zu überfordern, entspricht dies einem »contrary move«. Diese kontratintuitive Gestaltung der Interventionen erfordert neben dem technischen Verständnis der MBT eine hohe Selbstbeobachtung und -disziplin, um hier die Balance zu halten (Bateman und Fonagy, 2016).

Es liegt immer auch in der Verantwortung des Therapeuten, Mentalisierungseinbrüche (also z. B. die erneut aufkommende Klage über ungerechtes Verhalten anderer) zu identifizieren und behutsam oder auch stärker gegenzusteuern. Der Therapeut muss dabei eine Balance finden zwischen dem Versuch, einerseits Mentalisieren zu fördern und andererseits die Patientin nicht zu überfordern. Das kann durchaus eine schwierige Aufgabe sein und erfordert unter Umständen sehr viel Zeit, Geduld, Kreativiät und Frustrationstoleranz. Es ist hilfreich, sich jeweils vor Augen zu führen, dass »Nicht-Mentalisieren« immer als Schutzmechanismus des Patienten zu verstehen ist, wenn die Auseinandersetzung mit eigenem mentalem Erleben oder demjenigen anderer zu bedrohlich ist. Bei Mentalisierungsbrüchen ist es also zunächst wieder Aufgabe des Therapeuten, die Vermittlung von Sicherheit im Beziehungskontext (z. B. durch empathisches Valideren des Erlebens von Ungerechtigkeit, ▶ Abb. 2) zu übernehmen, anstatt dem Patienten an dieser Stelle »Widerstände« zu unterstellen oder diese zu deuten. Nicht-Mentalisieren kann andererseits durchaus bewusst toleriert werden, wenn die Situation es erfordert bzw. eine Überforderung und der Zusammenbruch des Mentalisierens droht (z. B. Pseudomentalisieren in Gruppen zu Beginn der Sitzung bei noch ausgeprägter Bindungsunsicherheit als Übergangsraum zur explorativen, schrittweisen Mentalisierungsarbeit). Im Fall des eigenen Verlusts des Mentalisierens – etwa wenn der Therapeut im Äquivalenzmodus versucht, den Patienten von der eigenen Perspektive zu überzeugen, oder sich im Als-ob-Modus gegenüber dem dynamischen Geschehen innerlich abschottet – ist das oberste Primat die Wiederherstellung der eigenen Mentalisierungskapazität durch Selbstregulation, also nicht, indem dem Patienten die Verantwortung für diesen Prozess unterstellt wird (»Sie verwirren mich«, Ich merke gerade, dass Sie mich dazu bringen, dass…«). Vielmehr wird ausgehend von der Verantwortungsübernahme des Therapeuten (»Entschuldigen Sie, dass ich so auf Sie einrede, das fällt mir gerade erst auf«) der Patient eingeladen, seine Perspektive zu offenbaren (»Mich würde interessieren, wie es Ihnen gerade ging, als ich versucht habe, Ihnen meine Meinung aufzudrücken«). Dieser Prozess ermöglicht es, zu einem späteren Zeitpunkt auch die Anteile des Patienten im Sinne einer interaktionellen Störung beider Partner zu beleuchten (»Wollen wir nochmals gemeinsam überlegen, was sich da zwischen uns so zugespitzt hat und ob sie so etwas auch sonst schon erlebt haben?«) (vgl. ▶ Abb. 2 und ▶ Abb. 3).

In der MBT wird kontinuierlich das Mentalisieren gefördert und durch Exploration angeregt (nach dem »Prinzip Frage« – dieses wird in Anlehnung an die US-amerikanische Fernsehserien-Figur Inspektor Columbo auch »Prinzip Columbo« genannt). Der Therapeut muss mit seinen Fragen durchaus eine gewisse Hartnäckigkeit zeigen, was auch als »inquisitorische« Neugier bezeichnet wird. Dabei sollte die wohlwollend-kollaborative Grundhaltung nicht verlassen werden und die Fragen müssen immer dahingehend abgesichert sein, dass der Patient sich dabei »abgeholt« fühlt und selbst ein Interesse an der weiteren Erkundung hat.

Beispielsätze: »Prinzip Frage«

»Das verstehe ich noch nicht ganz. Können Sie mir noch genauer erklären, wie Sie sich gefühlt haben?«
»So, ich kann mir das gut als eine Möglichkeit vorstellen, aber was könnte sich Ihr Freund denn dabei gedacht haben? Wäre es auch für Sie von Interesse, noch etwas weiter darüber nachzudenken?«
»Wollen wir gemeinsam darüber nachdenken, ob es auch andere Erklärungen für das Verhalten Ihres Chefs geben könnte?«

Wenn Patientinnen erfolgreich mentalisieren, z. B. ein stereotypes Muster (sich ungerecht behandelt fühlen und anderen Vorwürfe machen) erkennen konnten und sich nun den Motiven, die dem Verhalten anderer Beteiligter zugrunde liegen könnten, widmen, dann sollte das jeweils positiv angemerkt werden.

Merke: »Keep it simple« – Therapeutensprache

Akademisch ausgebildete Therapeuten sprechen häufig eine andere Sprache als die meisten ihrer Patienten, vor allem außerhalb der gentrifizierten, urbanen Zentren deutscher Universitätsstädte. Zudem ist die Kombination jüngerer Patient/älterer Therapeut häufiger als umgekehrt. Und last but not least ist die deutsche Sprache um einiges komplizierter als die englische, wo die MBT entwickelt wurde und wird. Neben der Empfehlung, den ein oder anderen theoretischen Text zur MBT in der Originalsprache zu lesen, legen wir allen Therapeuten nahe, ihre Interventionen möglichst in einer alltagsnahen Sprache zu formulieren und so einfach und kurz wie möglich zu gestalten. Viele therapeutische Interventionen sind überladen und viel zu komplex gestaltet. Das unterminiert eine kollaborative Atmosphäre und hemmt Mentalisieren. Glauben Sie nicht? – Auch hier möchten wir gern zur Videoanalyse eigener Interventionen oder Übungen im Rollenspiel einladen.

5.3 Spezifische Techniken

»A simple set of principles … maximizing benefit while minimizing harm« (Fonagy et al., 2015, S. 599).

5.3.1 Empathische Validierung

Vor allem zu Beginn der Therapie – und häufig auch zu Beginn der Sitzung – stehen supportive Techniken und eine empathische Validierung des Erlebens eines Patienten im Vordergrund. Dazu gehört der Versuch, sich in den Patienten einzufühlen, sich ihren »state of mind« möglichst genau zu vergegenwärtigen, ohne Interpretationen oder konzeptionelle Überlegungen zu verwenden (s. o. »not knowing stance«).

Therapeuten sollten ein genuines Interesse an der inneren Welt der Patienten verkörpern und – sobald dies möglich ist – deren Einfühlbarkeit äußern. Es geht hier ggf. auch darum, die eigene empathische Einfühlung erst zu entwickeln, da diese sich oftmals nicht so einfach automatisch einstellt, wie wir das als Therapeuten selbst und andere für uns gerne annehmen. Empathische Validerung ist die Voraussetzung, dass sich eine tragfähige Allianz entwickeln kann. Patienten müssen sich mit ihrem eigenen Erleben in all seinen Facetten zunächst wahrgenommen und angenommen fühlen. Sowohl die Emanzipation von theoriegeleiteten Erklärungsversuchen oder Hypothesen zur Phänomenologie der beobachteten Psychopathologie als auch die echte Einfühlung in die innere Erlebniswelt (z. B. die Selbstüberhöhung narzisstischer Patienten oder die »Opferidentität« von Borderline-Patienten) können dabei eine große Herausforderung darstellen. Bereits hier droht ein Mentalisierungsbruch, wenn das Narrativ des Patienten nur nachvollziehbar wird, indem eine konzeptionelle Sinngebung vom »state of mind« des Therapeuten aus erfolgt (»Die Selbstüberhöhung dient ihm dazu, Schamgefühle zu überspielen«). Die *empathische* Validierung geschieht, im Unterschied zur Validierung aus der Position *neben* dem Patienten, nicht von gegenüber. Dafür sind oftmals feine Unterschiede kennzeichnend (»Das ist ja schrecklich, von allen so ausgenutzt zu werden« statt, »Ich kann mir vorstellen, dass sie sich da ungerecht behandelt gefühlt haben« oder »Das ist doch eine tolle Fähigkeit, sich so für andere einzusetzen« statt »Mir fällt auf, dass sie sich vor allem für andere einzusetzen scheinen«). Es geht darum, »etwas« (Bateman und Fonagy, 2016, S. 351) im Erleben des Patienten zu finden, was empathisch validiert werden kann. Untermauert wird dies durch nonverbale »ostensive Cues«, bei denen das erlebte Gefühl des Patienten markiert gespiegelt wird (▶ Kap. 2).

Merke: Validieren vs. empathisch Validieren

Bevor Sie empathisch validieren, müssen Sie in sich ein Mitgefühl mit dem Patienten *spüren*. Sonst erfolgt ggf. eine rein technische Validerung, die – da sie nonverbal nicht als »echt« identifiziert werden kann – vom Patienten ggf. sogar eher als invalidierend erlebt wird.

Die Nuancen zwischen empathischer Validierung, »einfacher« Validierung und Spiegelung sind am besten anhand einer Videoanalyse eigener Therapien zu evaluieren. Sie werden rasch feststellen, dass eine empathische Validierung in der Außenbetrachtung ganz anders aussehen kann als aus der Innenperspektive. Vielleicht verbirgt sich sogar ein kritischer, »invalidierender« Aspekt in der Intervention, welchen Sie erst in der Betrachtung Ihrer nonverbalen Ausdrucksform sehen können. Wenn es Ihnen schwerfällt, sich in einen Ihrer Patienten wirklich einzufühlen, spielen Sie ihn in der Inter- oder Supervision im Rollenspiel. Erfahrungsgemäß kann Ihnen das für die Gestaltung Ihrer Arbeit viel mehr bringen, als sich mit ihrem Supervisor ausgiebig der theoretischen Analyse der Übertragungs-/Gegenübertragungsdynamik zu widmen.

Bei der empathischen Validierung ist das Halten einer Balance von Nähe und Distanz wesentlich (▸ Kap. 5.2 »contrary moves«). Zu viel emotionale Nähe aktiviert das Bindungssystem und kann ab einem bestimmten Level die Fähigkeit zu mentalisieren einschränken *(»empathizing is not mentalizing«)*. Empathisches Validieren heißt, den mentalen Zustand des Patienten so zu erfassen, wie er ihn erlebt, und seine Nachvollziehbarkeit ggf. für sich selbst zu entwickeln, zu spüren und zum Ausdruck zu bringen, um damit – von der Patientenperspektive ausgehend – eine gemeinsame Basis für kollaboratives Arbeiten in einer sicheren Beziehung zu ermöglichen. Es geht hier nicht darum, in jeder Situation Mitgefühl und Trost zu spenden bzw. den erfassten »state of mind« des Patienten gar unmarkiert zu spiegeln.

Beispiel: »Empathizing is not mentalizing«

Eine Assistenzärztin in der Psychiatrie ist im Aufnahmegespräch mit einer Borderline-Patientin nach einem schweren Suizidversuch. Die Patientin presst die Lippen aufeinander und scheint sichtlich angespannt. Die Assistenzärztin beugt sich zu ihr vor und versucht, durch warmherzige und freundliche Sprache und Mimik eine Situation von Vertraulichkeit herzustellen. Als sie ihr über den Oberarm streichen will, springt die Patientin auf, schubst sie von sich, läuft davon und zertrümmert anschließend das Waschbecken im Nebenraum.

5.3.2 Klarifikation

Da eine Grundannahme in der MBT ist, dass wir als Therapeuten niemals wirklich vollständig erfassen können, was in einem Patienten vorgeht (▶ Kap. 1), geht es primär um ein in die Tiefe gehendes, detailliertes Explorieren der inneren Welt und des Erlebens der Patienten. Die fragende, neugierige Haltung soll die Patienten »mitnehmen« und dafür gewinnen, interessiert zu erkunden, was sie erleben und was in anderen vorgeht. – und sich zunehmend selbst dafür zu interessieren. Die Basis für diesen Prozess ist die Klarifikation, die per se nicht als spezifische Technik der MBT anzusehen ist. In ihrer praktischen Ausgestaltung bestehen beispielsweise durchaus Überschneidungen mit dem Konzept der Selbstexploration nach Carl Rogers (Rogers, 1972). Sie ist allerdings stark durch die nicht-wissende Grundhaltung geprägt und erfolgt zum Teil sehr detailgenau (in »micro-slices«), bevor von Verhaltens- und Handlungsaspekten auf mentales Erleben fokussiert wird (Bateman und Fonagy, 2016).

Beispielsätze: Klarifikation

»Wenn ich es richtig verstanden habe, …«
»Ich habe das leider immer noch nicht genau verstanden. Können Sie mir helfen, dass es mir etwas besser vorstellen kann?«

> »Überlegen Sie nochmal genau … Sind zu dem Zeitpunkt auch noch andere Dinge passiert, die wichtig sein könnten, damit wir uns die Situation gemeinsam nochmal vor Augen führen können?«

Haben wir wirklich eine genaue Vorstellung davon, was Patienten als Grundlage für die induzierten mentalen Prozesse bzw. Handlungskonsequenzen erlebt und wahrgenommen haben, ohne dass wir vorschnell unsere Konzepte anwenden (wie etwa: »Sie hat sich dann selbst verletzt, weil sie die Anspannung so lösen konnte«, »Sie hat wieder erbrochen, weil sie sich dabei als autonom erlebt«, »Sie hat die Stunde wieder abgesagt, weil sie sich während der Ferien von mir verlassen gefühlt hat«)?

Die Klarifikation dient der gemeinsamen Entwicklung eines zum Teil sehr detailgenauen, kohärenten Narrativs über eine Situation, auf dessen Grundlage dann Affekte und andere interpersonell signifikante Vorgänge mentalisiert und in die therapeutische Situation übertragen werden (▶ Kap. 5.2). Eine besprochene Szene muss für den Therapeuten so klar und konkret vorstellbar werden, dass er in der Lage wäre, die Regieanleitung für eine Filmsequenz zu geben. Die Detailarbeit dient dazu, ähnlich einer Imagination die signifikante Szene zu reproduzieren. Damit wird der Tendenz von Patienten (und Therapeuten) Vorschub geleistet, zu schnell auf eine allgemeine Ebene (Generalisierung) zu gelangen, die den Zugang zu mentalen Vorgängen eher erschwert.

Klarifikation (Bateman und Fonagy, 2016):

- Herausarbeiten wichtiger »Fakten« aus der Patientenperspektive
- Rekonstruktion der Ereignisse
- Verhalten explizit machen – ausführliche Details der Handlungen
- Mentalisierung des Verhaltens vermeiden, solange noch kein klares Bild der genauen Abläufe verfügbar ist

5.3.3 Induktion eines Perspektivenwechsels: Hinterfragen, Irritieren (»challenge«)

Wenn eine tragfähige Arbeitsbeziehung besteht, können im Verlauf der Therapie oder der Sitzung zunehmend auch hinterfragende, irritierende und (heraus)fordernde Interventionen verwendet werden. Diese zielen darauf ab, starre Überzeugungen in Frage zu stellen und neue Perspektiven zu eröffnen. Challenging kann sehr mild sein, indem beispielsweise schon während der Klarifikation vorsichtig ausgedrückt wird, dass man etwas auch anders interpretieren oder sehen könnte.

Beispielsätze: Challenge

»Wie kommt es, dass Sie sich da so sicher sind …?«
»In der Gruppentherapie habe ich Sie ganz anders erlebt, viel offener, als Sie mir das von anderen Situationen schildern. Haben Sie eine Idee dazu …?«
»Sollen wir gemeinsam darüber nachdenken, welche anderen möglichen Erklärungen es für Ihr Verhalten geben könnte?«
»Wollen wir einen Moment überlegen, ob das so stimmig für Sie ist, wie Sie über ihn sprechen«?

Challenge kann auch stärker irritierend sein als in den obigen Beispielen. Je stärker eine Irritation ist, desto höher ist die Chance, einen Perspektivenwechsel zu induzieren, desto höher ist aber auch das Risiko, einen Mentalisierungsbruch oder -verlust zu provozieren. Das sorgfältige Abwägen zwischen Chance und Risiko einer stärkeren Challenge-Intervention ist Aufgabe des Therapeuten. Er übernimmt auch die Verantwortung, wenn eine Intervention misslingt.

Beispiel: high risk/high gain challenge

Ein Patient klagt monoton über den Misserfolg der Therapie und die Insuffizienz der therapeutischen Interventionen.

Therapeut: »Wissen Sie, ich überlege auch schon länger, ob unsere Arbeit hier Sinn macht. Für mich ist es nicht immer einfach und gleichzeitig haben Sie das Gefühl, alles, was ich sage, ist ›bullshit‹.«

Der Patient könnte hier nach einem Überraschungsmoment einlenken, so dass die kritische Phase der Therapie gemeinsam mentalisiert werden kann, indem z. B. über enttäuschte Erwartungen und Ungeschicklichkeiten des Therapeuten gesprochen wird. Er könnte aber auch impulsiv reagieren und den Raum Tür-schlagend verlassen. Es wäre dann die Aufgabe des Therapeuten, den Kontakt wiederherzustellen und mitzuteilen, dass es im leidtue, wie die Stunde zu Ende gegangen sei und dass er die Therapie gar nicht grundsätzlich habe in Frage stellen wollen.

Challenge muss aber nicht immer zweifelnd oder kritisch dem Patienten gegenüber sein. Es geht häufig auch einfach darum, etwas »frischen Wind« in eine Sitzung zu bekommen. Insofern sind auch humorvolle, selbstironische oder unkonventionelle Interventionen sehr hilfreich.

5.3.4 Innehalten (»stop and stand«) und Nochmal zurück (»rewind and explore«)

Mit »stop and stand« wird eine Technik bezeichnet, mit der eine nonmentalistische Kommunikation (z. B. eine pseudomentalisierende Gruppendiskussion) unterbrochen wird. Der Therapeut erläutert, warum er die Unterbrechung für notwendig hält, und versucht dann, von jenem Punkt des Innehaltens an das Mentalisieren anzuregen.

»Rewind and explore« wird angewendet, wenn Patienten über bedeutsam scheinende Ereignisse rasch hinweggehen (z. B. eine inkohärente Schilderung einer Beziehungssequenz im Äquivalenzmodus). Der Therapeut stoppt und bittet darum, zu einem früheren Punkt in der Kommunikation zurückzugehen. Er versucht dann, die Szene vor der Unterbrechung genauer zu explorieren.

Beispiel: »Rewind and explore«

»Stopp, ich unterbreche Sie jetzt kurz. Es tut mir leid, aber ich kann so schnell nicht mitdenken. Es wäre leichter für mich, wenn wir Schritt für Schritt vorgehen. Vorher haben Sie gesagt, schon bei der

> Fahrt zu Ihrem Onkel sei Ihnen mulmig gewesen. Können wir an diesem Punkt noch einen Moment verweilen? … Woran haben Sie gedacht, als Ihnen mulmig war. Erinnern Sie sich?«

Die MBT ermutigt sehr stark dazu, Narrative (wohlwollend, ggf. entschuldigend) zu unterbrechen, statt dem Sprechen des oder der Patienten in der Hoffnung darauf passiv zu folgen, dass sich mehr Verständnis oder etwas »Entscheidendes« im weiteren Verlauf von selbst ergibt. Wenn sich Unklarheiten anhäufen, wird es meist nicht einfacher, wieder zusammen zu finden.

5.3.5 Affektelaboration und Affektfokus

Affekte sind zentrale mentale Korrelate für die psychische Gesundheit und das soziale Wohlbefinden. Insbesondere die Metarepräsentanz (Repräsenz zweiter Ordnung) von Affekten bilden die Grundlage für unsere Selbstregulation und die Interaktion mit anderen. Repräsentanzen und Metarepräsentanzen der affektiven Konnotation früher Bindungserfahrungen bilden das Zentrum des Selbst (▶ Kap. 3). Der Fokus auf Wahrnehmung, Identifikation, Differenzierung, Benennung und Kommunikation affektiven Erlebens ist einer der Schwerpunkte beim therapeutischen Vorgehen der MBT. Verhaltensbeschreibungen, Beziehungssequenzen und Kognitionen eines Patienten werden stets mit der Untersuchung der damit verbundenen affektiven Empfindungen verknüpft. Dabei ist es zentral, dass der Therapeut durch ein affektfokussiertes Fragen auch unscharfe Korrelate von Affekten im Sinne von Empfindungen, Emotionen, somatischen Repräsentanzen oder anderen Sensationen, die affekt- oder emotionsnah sind, Schritt für Schritt in Micro-Schichten zutage fördert. Das Mentalisieren der Affekte soll vom Therapeuten nicht stellvertretend übernommen werden. Es geht hier um eine gemeinsame Entwicklung von Worten für Affektkorrelate, ohne vorschnell zu klare, scheinbar eindeutige und selbstverständliche Begrifflichkeiten zu verwenden. Die Gefahr, dass Kennzeichnungen für Affekte benutzt oder übernommen werden, ohne mental verankert zu sein, wird in der MBT besonders berücksichtigt. Beginnend mit der Elaboration von Affekten in extratherapeutischen Situationen werden während des darüber Sprechens auftretende Affekte fokussiert und schließlich mit dem interpersonellen Geschehen zwischen Therapeut und Patient bzw. zwischen Patienten verbunden (Bateman und Fonagy, 2016). Dadurch erfolgt eine repräsentationale Entwicklung mentaler Affektkorrelate, so dass Affekte schließlich während ihres Auftretens identifiziert und reguliert werden (»mentalized affectivity«) – und zwar nicht nur im Kontext der Therapie, sondern auch in außertherapeutischen Situationen. Der Therapeut hat hier die Aufgabe, den häufig sehr schmalen Grat zwischen Affektüberflutung (Äquivalenzmodus, fight/flight) und Affektisolation bzw. Pseudomentalisieren (Als-ob-Modus, fright) sorgfältig austarieren und seine Interventionen sehr genau zu dosieren. Affektelaboration und Affektfokus werden immer in den interpersonellen Kontext gesetzt. Das heißt, Gegenstand der Untersuchung sind insbesondere Affekte, die im sozialen Geschehen auftreten (Taubner et al., in press). Die Fähigkeit zu mentalisieren beinhaltet auch, andere als Individuen wahrzunehmen, deren Verhalten von inneren Zuständen bestimmt wird, und den Versuch zu machen, sich in die möglichen Gefühle, Wünsche und Intentionen der anderen einzufühlen. Dabei erfolgt eine Balance zwischen dem Fokus auf das Selbst mit einer Exploration der Affekte des Patienten einerseits und dem Fokus auf die möglichen Affekte des oder der anderen. Wenn Patienten vor allem damit beschäftigt sind, was andere wünschen und beabsichtigen, fokussiert der Therapeut stärker auf das Selbsterleben. Kreist ein Patient hingegen nur in seiner eigenen inneren Welt, wird der Therapeut aktiv das mentale Erleben des/der anderen thematisieren (Zeeck und Euler, in preparation).

Affekt*elaboration* bezeichnet die Untersuchung von Affekten aus Situationen der jüngeren Vergangenheit (außerhalb oder innerhalb der Therapie, *dort und dann*), nachdem die entsprechende Situation ausreichend klarifiziert worden ist.

Affekt*fokus* bezeichnet die Untersuchung von Affekten in der therapeutischen Situation, während sie präsent sind, d. h. während des Erzählens bzw. in der gegenwärtigen interpersonellen Situation (*hier und jetzt*).

Ein Affektfokus in Bezug auf Affekte in der aktuellen therapeutischen Beziehung erfordert eine höhere Mentalisierungskapazität als ein Affektfokus in Bezug auf Affekte während des Erzählens einer extratherapeutischen Situation und dies wieder eine höhere Mentalisierungskapazität als die Affektelaboration von Affekten einer vergangenen Situation. Entsprechend werden die Interventionen gestaltet (▶ Abb. 2 und ▶ Abb. 3).

5.3.6 Mentalisieren der Beziehung

Der ursprünglich noch verwendete Begriff der »Übertragung« wird in der MBT zunehmend verlassen, um den interpersonellen Reziprozitätscharakter des therapeutischen Prozesses deutlicher zu betonen. Inzwischen wird eher vom »integrativen Mentalisieren« (Bateman und Fonagy, 2016, S. 273) der (therapeutischen) Beziehung gesprochen, die modellhaft für andere wichtige Beziehungen (aus Gegenwart und Vergangenheit) stehen kann. Die MBT geht davon aus, dass der Anteil des Therapeuten an der Interaktion persönlichkeits- und situationsbezogen – auch bei ausreichender Selbsterfahrung – so spezifisch ist, dass eine einseitige Übertragungsanalyse für Patienten nicht angemessen ist. Das Geschehen in der therapeutischen Beziehung und die damit verbundenen Affekte werden im Hier und Jetzt eines tragfähigen und kollaborativen therapeutischen Arbeitsbündnisses untersucht, in der der Therapeut nicht den Anspruch auf Deutungshoheit erhebt. Der Therapeut ist primär dafür verantwortlich, mit seinem Beziehungsangebot die Voraussetzungen zu schaffen, dass auf ihn und/oder auf Mitpatienten bezogene Gedanken und Gefühle herausgearbeitet werden können. Andererseits erfährt der Patient, was er beim Therapeuten auslöst, indem dieser Gedanken und Empfindungen selektiv und authentisch zur Verfügung stellt, ohne dass diese primär als Abbildung von projektiven Mechanismen auf den Patienten zurückgeführt werden (s. o. Selbstoffenbarung). Die Untersuchung der Beziehung inklusive möglicher Wahrnehmungskontraste und gegenseitiger mentaler Einflussnahme ist Teil der therapeutischen Arbeit, um das »Wohlbefinden des Patienten«

zu fördern (Bateman und Fonagy, 2016, S. 275). Die Identifikation einer Übertragungsbeziehung des Patienten als Abbild anderer Beziehungen aus Vergangenheit und Gegenwart gehört nicht zum Interventionsspektrum der MBT. Bateman und Fonagy sprechen inzwischen auch von »counterrelationship« statt Gegenübertragung, um diesen Aspekt zu betonen (Bateman und Fonagy, 2016, S. 270 ff.) (»mentalizing the counterrelationship«).

Beispielsätze: integratives Mentalisieren der Beziehung

»Ich habe nicht das Gefühl, dass ich mich nicht für Sie interessiere. Erzählen Sie mir doch, was sie beobachtet haben. Vielleicht haben Sie etwas gesehen, was mir gar nicht aufgefallen ist und es fällt uns noch etwas ein, was uns hilft, diesen Eindruck aufzuklären.«
»Wie kommt es, dass wir das Ende der letzten Sitzung so unterschiedlich erlebt haben? Haben Sie eine Idee?«

5.4 Überprüfung der Therapie: Mentalisieren wir schon?

5.4.1 Adhärenz- und Kompetenzskala

Unter Adhärenz versteht man die Anwendung der für eine Methode definierten spezifischen Interventionen (»Modelltreue«), unter Kompetenz das Qualitätslevel des Therapeuten. Anhand einer Adhärenz- und Kompetenzskala können Ton- und Videoaufzeichnungen von Therapiesitzungen bezüglich der Adhärenz und Kompetenz des/der Therapeuten überprüft werden. Nicht zuletzt für die Forschung ist relevant, ob das untersuchte Therapieverfahren in Studien tatsächlich angewendet wurde. Karterud und Bateman (2013) haben für die mentalisierungsbasierte Einzel- und Gruppenpsychotherapie eine Adhärenz- und Kompetenzskala (ACS) entwickelt und evaluiert, die 16 Items aufweist, von denen sich vier als besonders relevant für das Mentalisierungsmodell erwiesen haben: nicht-wissende Grundhaltung, Prozessfokussierung, Affektfokus, Affekt und interpersonelle Situationen. Für die Adhärenz und Kompetenz von Gruppentherapeuten steht eine modifizierte eigene ACS zur Verfügung (Karterud, 2015).

Die ACS für die MBT befindet sich derzeit in einem intensiven Revisionsprozess. In Kürze wird eine deutlich veränderte, optimierte und an die neuen Entwicklungen adaptierte ACS zur Verfügung stehen (Anthony Bateman, persönliche Mitteilung). Dort werden neben den interventionellen Items die nicht-wissende Grundhaltung über die gesamte Sitzung wie auch die formale Strukturierung und Kohärenz der Sitzung Eingang finden. Gruppen- und Einzeltherapie können zudem auf demselben Formular gerated werden. Zur Anleitung wird es ein Manual mit Beispielen zu den jeweiligen Items geben. Der Level der Adhärenz des Therapeuten in der Sitzung wird schließlich mit einem Gesamtscore angegeben

5.4.2 Checkliste Mentalisieren

Neben der operationalisierten Form der Adhärenzskala kann die eigene Fähigkeit, mentalisierungsfördernd zu intervenieren, auch weniger strukturiert überprüft werden. Wesentlich ist, dass für die Überprüfung natives Material aus der Therapiesitzung zur Verfügung steht. Zur Orientierung, ob die Gesprächsgestaltung den Grundsätzen der MBT entspricht, können folgende Aspekte (»MBT-skills«) dienlich sein.

»MBT-skills« zur Überprüfung der eigenen MBT-Kompetenzen (modifiziert nach Euler, 2014):

- ☐ Folgt der Therapeut konsequent einer nicht-wissenden Grundhaltung und verzichtet auf einsichtsfördernde inhaltliche Deutungen und das Erteilen konkreter Ratschläge?
- ☐ Steht das innere Erleben (»state of mind«) des Patienten im Zentrum der Exploration und wird es ausreichend empathisch validiert?
- ☐ Wird die kollaborative Haltung des Therapeuten im Sinne einer alltagsnahen und authentischen Begegnung auf Augenhöhe deutlich?

- ☐ Erfolgen ausreichend Rückversicherungen, ob die Aussagen des Patienten korrekt verstanden wurden, und werden mögliche Missverständnisse vom Therapeuten aktiv angesprochen?
- ☐ Können Äquivalenzmodus und Pseudomentalisieren identifiziert werden und sind die Interventionen geeignet, das Mentalisieren des Patienten zu fördern?
- ☐ Gelingt es, Affekte im Zusammenhang mit interpersonellen Ereignissen zu elaborieren und zu fokussieren und werden Affekte innerhalb der therapeutischen Situation gemeinsam untersucht?
- ☐ Vollzieht der Therapeut »contrary moves«?
  - ○ Übernimmt er Mitverantwortung für die Regulation der affektiven Spannung in der Sitzung (»zu heiß vs. zu kalt«) und unternimmt er Maßnahmen zur Gegenregulation?
  - ○ Berücksichtigt der Therapeut die vier Dimensionen des Mentalisierens und interveniert er, um durch Gegenbewegungen auch unterrepräsentierte Teilbereiche abzudecken?

6 Klinisches Fallbeispiel

Im Rahmen der folgenden Kasuistik[5] wird neben der Vorstellung der Patientin und der Darstellung des Therapieverlaufs beispielhaft eine Fallformulierung gezeigt. Anschließend erfolgt entsprechend dem Prinzip der MBT, mit genuinem Therapiematerial zu arbeiten, die Veranschaulichtung von Interventionen der MBT anhand von Therapietranskripten.

Patientin M. Berg, bei Therapiebeginn 19 Jahre, Zuweisung durch den Hausarzt zur Krisenintervention in eine psychiatrische Versorgungsklinik in Süddeutschland, erster Kontakt mit Psychiatrie/Psychotherapie. Anschließend Behandlung auf einer Depressionsstation bei Verdacht auf Depression und soziale Phobie, Differentialdiagnose Persönlichkeitsstörung.

Biographie

Die Patientin sei mit zwei älteren Brüdern bis zu ihrem 4. Lebensjahr bei beiden Eltern aufgewachsen, dann hätten die Eltern sich getrennt und sie sei mit Brüdern und Mutter umgezogen. Die Mutter habe gearbeitet. Die Patientin berichtet, dass sie Schwierigkeiten in der Schule gehabt habe: Sie habe Aufmerksamkeit gesucht, den Unterricht gestört, habe Probleme mit der Konzentration gehabt. Infolgedessen sei sie in ein Internat gekommen. Der Vater sei nach der Trennung in den Nachbarort gezogen, habe sich nie viel gekümmert. Schließlich habe ihre

5 Die Patientin ist anonymisiert, der Lebenslauf leicht verfremdet. Rückschlüsse auf reale Personen sind daher nicht möglich.

Mutter eine Kontaktsperre zum Vater erwirkt, da dieser unter Alkoholeinfluss abwertend der Patientin gegenüber gewesen sei und sie »fertig gemacht« habe. Nach der Schule machte sie eine Lehre zur Bäckereifachverkäuferin, anschließend Job bei einer Lottoannahmestelle. Wegen Ängsten bei der Arbeit habe sie schließlich gekündigt. In dem Betrieb, in dem sie ihre Lehre gemacht habe, habe man ihr einen Arbeitsplatz versprochen. Dieser sei mit der Begründung, es sei kein Geld für die Stelle vorhanden, aber wieder abgesagt worden. Seither gehe es ihr immer schlechter.

Aus dem Bericht über die stationäre Behandlung

Situation und Beschwerden bei Aufnahme: Sie fühle sich zum Teil aggressiv und angespannt, habe schon Gegenstände zerschlagen und schlage zum Teil mit der Faust auf den Boden, was ihr helfe, sich zu entspannen. Zunehmend habe sich eine Motivationslosigkeit entwickelt, so dass sie aktuell Probleme habe, Bewerbungen zu schreiben. Zudem habe sie Ein- und Durchschlafstörungen. Ihre Stimmung sei sehr gedrückt und Gedanken drehten sich im Kreise. Momentan leide sie am meisten unter dem Stress, der ihr keine Ruhe ließe, sie wolle raus aus ihrem Haus, möchte Ruhe finden. Suizidale Gedanken bejaht sie, sie habe aber keine Pläne oder Absichten. In der Vergangenheit habe es keine Suizidversuche gegeben.

Therapieverlauf: Gemeinsam mit der Patientin wurde ein individuelles Störungsmodell erarbeitet, mit Fokus auf die vermiedenen Gedanken und Gefühle, dem Umgang damit, sowie auslösenden und aufrechterhaltenden Faktoren. Die biographische Einordnung bzw. die Aufdeckung von auslösenden Bedingungen in der Kindheit halfen der Patientin, Schuldgefühle abzubauen und sich selbst mit mehr Toleranz zu begegnen. Besonders ihre aggressiven Ausbrüche lösten in der Folge regelmäßig massive Selbstabwertungen und Selbsthass sowie Schuldgefühle aus. Der Fokus auf Emotionen und Kognitionen führten im Verlauf der Therapie immer wieder zu einem Gefühl großer Verwirrung bei der Patientin und zum Impuls aufzugeben. Selbstschädigendes Verhalten, wie es während der Therapie zwischenzeitlich auftrat (in Form von bulimischem Verhalten, Selbstverletzungen durch mit der Faust gegen die Wand schlagen, drei Rückfällen mit Cannabis) wurden in diesem Zusammenhang thematisiert.

Es wurde die Diagnose einer Borderline-Persönlichkeitsstörung mit vermeidenden Anteilen gestellt und die Patientin wurde anschließend in eine ambulante Therapie vermittelt. Parallel wurde die Teilnahme an einem dreimonatigen arbeitsrehabilitativen Programm eingeleitet.

Beginn und Verlauf der ambulanten Therapie: Die Patientin hatte große Schwierigkeiten, überhaupt zu sprechen oder ein Bedürfnis an die ambulante Therapie zu formulieren. Sie konnte auch nicht benennen, was ihr die vorangegangene Therapie gebracht hätte, außer dass alle nett zu ihr gewesen seien. In den ersten Gesprächen erfolgte dann nach Bestätigung der Diagnose die Vereinbarung eines ambulanten MBT-Therapieangebots mit Psychoedukation, Festlegung eines Krisenprocedere und einer Fallformulierung, die zunächst abzielte auf die regelmäßige Wahrnehmung der wöchentlichen Termine, die Teilnahme an der Arbeitsrehabilitation und die Entwicklung von Vertrauen in den Therapeuten *(»epistemic trust«)* mit dem Ziel, im Zusammenhang mit schwierigen Lebens- und ggf. Therapiesituationen zunehmend über Gefühle *(»mentalized affectivity«)* sprechen zu können.

Die der Patientin aus der stationären Behandlung bekannte Vermeidung emotionaler Themen konnte früh thematisiert werden und wurde in die Fallformulierung aufgenommen. In der ersten Therapiephase kam es zu häufigen Absagen von Terminen, die Teilnahme an der Arbeitsrehabilitation erfolgte sehr unregelmäßig. Die Patientin schlief viel und rauchte weiter regelmäßig Cannabis. Es kam gelegentlich zu Selbstverletzungen durch Schlagen des Kopfes oder der Fäuste auf den Boden oder an die Wand. Die kritische Beleuchtung dieser Aspekte gelang zunächst kaum. In der Therapie zeigte sich die Patientin, wenn sie kam, überwiegend im *Als-ob-Modus*, es gehe ihr gut und sie wolle sich durch Gespräche nicht in Schwierigkeiten bringen. Bei entsprechender Hartnäckigkeit des Therapeuten *(Klarifikation, »not knowing stance«)* kam es zu einem raschen Switch in den *Äquivalenzmodus* mit der Überzeugung, dass Gespräche sie destabilisierten, begleitet von hoher Anspannung und dem Impuls, die Sitzung zu verlassen und die Behandlung abzubrechen.

Im Vordergrund stand in den ersten Monaten der Therapie deshalb die *empathische Validierung* der Patientenperspektive mit allenfalls mildem *Challenging*, v. a. über *Selbstoffenbarungen* des Therapeuten, beispielsweise die Mitteilung der Sorge, dass das subjektive Wohlergehen nicht stabil sein könne. Schließlich kam es zu einer schweren Krise, nachdem eine vorgesehene Umschulungsmaßnahme nicht wie geplant beginnen konnte, die eine 2-wöchige stationäre Krisenintervention erforderlich machte. Anschließend erfolgte die Wiederaufnahme der Therapie. Die Erfahrung der Patientin, dass nach einer längeren Phase subjektiven Wohlbefindens plötzlich eine belastende Instabilität auftreten kann, die sogar zur stationären Einweisung geführt hatte, konnte gut nachbesprochen werden. Sie entwickelte jetzt eine zunehmende Motivation, auf Cannabiskonsum zu verzichten und regelmäßig Therapiesitzungen wahrzunehmen sowie zu versuchen, über sich zu sprechen. Sie gab an, dass sie dem Therapeuten inzwischen auch besser vertrauen könne, weil sie das Gefühl habe, verstanden zu werden, und auch einschätzen zu können, warum der Therapeut ihr Fragen stelle (s. o. Fokus in der initialen Behandlungsphase auf *empathische Validierung* und *Selbstoffenbarungen*). Auf der Grundlage dieser Erfahrung wurde die Fallformulierung überarbeitet und mit der Patientin besprochen (s. u.). Die Vermeidung und die spezifischen Schwierigkeiten zu mentalisieren wurden jetzt explizit aufgenommen. Inzwischen konnte auch eine berufliche Eingliederungsmaßnahme begonnen werden. Auch hatte sie einen Partner gefunden, dem sie grundsätzlich vertraute, wenngleich die Beziehung sehr schwierig war. Neben der Belastung durch die Konfrontation mit Kunden berichtete sie zunehmend auch von Paarkonflikten. Beide Aspekte wurden von einer kommentierenden »inneren Stimme« im Sinne einer Pseudohalluzination begleitet, die für die Patientin sehr belastend war. Diese Stimme begleite sie schon sehr lange, sie habe das aber bisher für sich behalten, da sie Angst habe, für verrückt erklärt zu werden. Trotz weiter vorherrschendem Als-ob-Modus bei ängstlich-vermeidendem Bindungsstil wurde es zunehmend möglich, vorsichtig über diese konflikthaften Themen zu sprechen. Sowohl die berufliche Integration als auch die Partnerschaft waren beständig.

Fallformulierung Frau M. Berg

Überarbeitete Fallformulierung nach etwas über 6 Monaten Therapie.

Prozess seit Beginn der Behandlung

Gute Beziehungsentwicklung seit Beginn der Therapie: regelmäßiges Erscheinen, Frau Berg hat begonnen zu sprechen, auch über inneres Erleben (Gefühle, Gedanken, Empfindungen), bespricht »schwierige« Themen: innere Stimme, Gefühle mit Kunden bei der Arbeit (Angst, Anspannung), Konflikte mit dem Freund (Wut, Frustration). Nach den ersten Monaten hat sich Vertrauen entwickelt, aus ihrer Sicht haben dazu die nicht wertende, offene Haltung des Therapeuten und die Mitteilung seiner eigenen Gedanken und Begründungen, warum er etwas fragt, beigetragen. Es ist ein offenes Gespräch über den »Sinn«, warum sie in Therapie kommt, möglich geworden.

Frau Berg benennt positive Auswirkungen der Therapie auf das »reale Leben«: Aufhören mit Cannabis rauchen und Sistieren von Selbstverletzungen, regelmäßiges Erscheinen bei der Arbeit, Konfliktmanagement mit dem Partner verbessert sich (gegenseitiges Verständnis ist nach dem Streit möglich), selbstständiges Krisenmanagement in mehreren schwierigen Situationen (z. B. Selbsteinweisung auf die Kriseninterventionsstation).

Schwierigkeiten der Mentalisierung

Auslöser für Mentalisierungsversagen mit Stress in Form von Hitzewallungen, Herzrasen, Verlust der Fähigkeit zum Nachdenken sind Bindungssituationen mit starken Triggern für die Aktivierung des Bindungssystems, z. B. als aufdringlich erlebtes Verhalten anderer (Angesprochenwerden von Kunden, Fragen des Therapeuten, Ansprüche des Partners, Nachfragen von Versicherungen und des Betreuers am Arbeitsplatz). Solche Situationen werden häufig durch Rückzug vermieden (z. B. Verschlafen, nicht zur Therapie kommen, ins Bett flüchten). Mentalisierungsprobleme:

- eigene Gefühle (affektive Mentalisierung des Selbst): Überflutung mit unangenehmen Emotionen → Stress/Anspannung → Als-ob-Modus (körperliche Anzeichen: Schwindel, bleierne Müdigkeit, innere »Stimme« wird lauter und lenkt vom äußeren Geschehen ab) oder Äquivalenzmodus (z. B. Wutanfall gegenüber dem Partner, Überzeugung, sich selbst verletzen zu müssen, um Entspannung zu finden).
- Gedanken und Gefühle der anderen (affektive und kognitive Mentalisierung der anderen): verfestigte Vorstellung, dass Kunden, Therapeut und Partner sie verurteilen und ablehnen.

Schwierigkeit in der Therapie: Es ist unklar, ob das Nachdenken über sich und andere erleichternd oder belastend ist. Häufige Vermeidung (Nichterscheinen zur Therapie oder Erscheinen mit der Aussage, nicht reden zu wollen) führt zu viel Unterstützung und Erklärungen durch Therapeuten (Therapeut will reden, sie möchte nicht, Therapeut mentalisiert anstelle von ihr). Frau Berg schaltet ab, verschließt sich immer mehr, wird müde, fühlt sich schließlich überfordert.

Mentalisierung als Fokus in der Therapie

Auslöser für den Zusammenbruch des Mentalisierens in Situationen innerhalb und außerhalb der Therapie besprechen, Mentalisieren in diesen Situationen fördern: affektive Selbstregulation, vielfältigere Vorstellung, was andere denken und fühlen, Gefühle in der Therapiesitzung zulassen und benennen. Ziel: Patientin und Therapeut beobachten sich in der Therapie aufmerksam.

- Wann ist sie bereit, ihre »Komfortzone« zu verlassen, und wann wird es unaushaltbar, über sich und andere zu sprechen? Frau Berg gibt dem Therapeuten Signale.
- Therapeut sichert sich ab, ob seine Fragen eher Verwirrung oder Entlastung auslösen.
- Der Therapeut achtet darauf, dass er nicht zu viel Unterstützung und Erklärungen anbietet und Frau Berg schließlich damit überfordert.

Ziele der Therapie im »realen Leben«

Sicherheit und Vertrauen in sozialen Situationen, Vertrauen in sich selbst und in andere aufbauen. Symptome, die dadurch verringert werden sollten:

- Rückzug (z. B. ins Bett)
- Wutausbrüche
- Gedanken an Selbstverletzung
- innere, kommentierende Stimme

Die erfolgte Verringerung der Symptome sollte sich im nächsten Halbjahr positiv auf die Lebensqualität auswirken (v. a. an der Arbeit mit Abschluss der Umschulung und in der Partnerschaft mit mehr Stabilität und einem offeneren und entspannteren Umgang miteinander.

Transkripte aus Therapiesitzungen

Transkript aus einer Sitzung im 2. Halbjahr der Therapie:

Patientin spricht bis hierhin kaum, erwähnt immer wieder, wie müde sie sei.	*Als-ob-Modus (Vermeidung)*
T: Und gab es denn mal Zoff mit dem Freund?	
P: Mhm.	
T: Und jetzt müssen Sie das schon wieder hier erzählen? Das macht halt auch wieder müde, oder? *(lacht)*	*mildes Challenging*
P: Nein … also es gibt nicht viel zu erzählen, ich bin dann einfach zu meiner Mutter gefahren und habe mit ihr gesprochen und sie wird jetzt mal mit ihm sprechen.	
T: Okay. Das müssen Sie mir jetzt aber erzählen, das interessiert mich. Was hat Sie dazu veranlasst, Ihre Mutter einzubeziehen?	*nicht-wissende Neugier*

P: Weil ich nicht mehr wusste, was ich machen soll.

T: Ja … Was ist denn passiert?
P: Ja … wir sitzen einfach zu viel aufeinander.

T: Wollen Sie mir diese Situation erzählen … also ist es einmal zu einer Auseinandersetzung gekommen?

P: Nein, es ist allgemein … wir sitzen einfach zu fest aufeinander herum.

T: Okay.

P: Und das ist dann eben zu viel.

T: Also wie kann ich mir das genauer vorstellen? Erinnern Sie sich an eine schwierige Situation aus der letzten Woche? *Klarifikation*

P: Hmm … Jetzt habe ich ein bisschen Mühe, über das zu sprechen. *(schaut zu Boden)*

T: Ja. Das kann ich mir vorstellen. Wir kennen uns ja auch schon ganz gut. (lächelt) Aber ich möchte trotzdem nicht ganz aufhören, Sie zu fragen, auch wenn ich weiß, dass Sie das ein bisschen ehm … als Zumutung empfinden. Ich bemühe mich auch ein bisschen, mich auf einfache Fragen zu konzentrieren und trotzdem möchte ich jetzt nicht einfach Ihrer Müdigkeit nachgeben. Sonst könnte ich mich ja dazu legen und dann könnten wir zusammen ein bisschen dösen. Wäre Ihnen das lieber? *(lacht)* *stärkeres Challenging*

P: Nein, das schon nicht. Aber ich habe auch Schwierigkeiten beim Denken, wenn ich so müde bin.

Zu Beginn des 2. Therapiejahres kam es zu einer ungewollten Schwangerschaft. Gemeinsam mit dem Partner entschied sich die Patientin aufgrund der Ausbildungssituation der beiden zu einem Schwangerschaftsabbruch. Diese Entscheidung trafen beide auf einer vor allem rationalen Ebene. Das gesamte zweite Therapiejahr war dann durch eine Bearbeitung des damit verbundenen affektiven Erlebens geprägt. Die Mentalisierung des Schwangerschaftsabbruchs war für die Patientin so bedrohlich, dass sowohl die Partnerschaft als auch die berufliche Eingliederung und nicht zuletzt die Therapie immer wieder drohten, zu scheitern. Der mentale Zustand der Patientin lässt sich als ein permanentes Oszillieren zwischen einem Abschalten des Mentalisierens im Als-ob-Modus und einer Überflutung mit negativen Affekten im Äquivalenzmodus charakterisieren. Auf diesem schmalen Grat bewegte sich der psychotherapeutische Prozess.

Transkript aus einer Sitzung im 2. Jahr der Therapie:

In der Vorwoche hat der Schwangerschaftsabbruch stattgefunden. Während zweier Gespräche erfolgten eine rein supportive Begleitung des Abbruchs und eine kognitiv fokussierte deskriptive Beschreibung der Ereignisse, um keinen Mentalisierungseinbruch zu riskieren. In der aktuellen Sitzung sind die Details des Ablaufs nochmals klarifiziert worden. Die Patientin berichtet von ihrer inneren Stimme, die sie als »Mörderin« bezeichne. In der folgenden Sequenz werden mit dem Abbruch verbundene Affekte elaboriert und fokussiert.

T:	Und … in der Situation … haben Sie ja jetzt vorher gesagt, dass es danach dann komisch auch war – als Sie dann weg sind.	
P:	Mhm.	
T:	Und – können Sie sich erinnern, wie sich das angefühlt hat; was Sie da für ein Gefühl gespürt haben?	*Affektelaboration (Affekte während eines Erlebnisses)*
P:	Jo.	

T: … *(nickt ihr zu)*

P: Also, wo es passiert ist, habe ich es gar noch nicht richtig realisiert. Also, da ging es mir noch einigermaßen gut. Aber, als ich dann aus dem Spital raus bin, habe ich mich so leer gefühlt. Soo …

T: Leer, mhm … Das passt für Sie als Gefühl zu dem, was Sie da gerade erlebt hatten?

P: Ich habe mich richtig als Mörderin gefühlt.

T: *(überrascht)* Als Mörderin?

P: Ich hab es dann auch meinem Freund gesagt. Er hatte dann später Feierabend. Und mit ihm habe ich dann auch geredet.

T: Und dieses Gefühl als Mörderin; war das –

P: … sehr unangenehm.

T: War das mit dem Gefühl der Leere verbunden oder gab es da noch andere Gefühle? … Können Sie sich da noch erinnern, wie Sie sich da gefühlt haben?

Fortsetzung Affektelaboration

P: Ja, so Trauer.

T: Mhm.

P: Da war eben schon Trauer da.

T: Mhm. Das kann ich mir vorstellen. Wie haben Sie das gespürt; erinnern Sie sich noch? Wie hat sich das »traurig« angefühlt?

P: Einfach, unangenehm im Körper. So … Ich habe mich ganz leer gefühlt. Ganz leer habe ich mich gefühlt.

T: Mmh … Mussten Sie denn auch weinen? Oder, war das eine Traurigkeit ohne Tränen?

P: Ja, also als ich dann Heim gegangen bin, habe ich dann geweint, ja.

T: Waren Sie da alleine?

P: Äääh, ja.

T: Ja … da haben Sie ganz alleine geweint …

P: Ich wollte dann einfach einen Moment lang alleine sein. Ich war froh, dass ich alleine war. *Patientin zeigt hier zunehmend Als-ob-Modus*

T: Ah, ja?

P: Aber, ich muss sagen, es ist sonst alles gegangen. Ich habe keine Schmerzen, es ist mir morgens nicht schlecht. Also ich merk schon –

T: Mhm.

P: – wie ich darunter gelitten hab.

T: Mhm.

P: Ich denke eben auch, dass ich darunter gelitten hab, weil es eben auch ein Druck war – weil ich wusste, was weggeht; und … ja.

T: Mhm. Also, ich finde wirklich, dass Sie sehr, sehr tapfer waren, Frau Berg … Da bin ich wirklich auch beeindruckt, wie Sie das gemacht haben. Und auch, wie Sie mir jetzt davon erzählen, wie so die Gefühle dabei waren. Und, dass Sie, eben, sich leer und traurig gefühlt haben. Das kann ich mir sehr, sehr gut vorstellen. *Empathische Validierung*

P: Aber durch die Arbeit kann ich mich auch ausgleichen und ablenken. Ich bin froh, dass ich die Arbeit habe. Wenn ich jetzt nicht arbeiten würde, weiß ich nicht, ob ich das überstehen würde.

T: Okay, das hilft Ihnen, die Arbeit … Und … Dieses Gefühl […] von Leere und Traurigkeit- ist das denn ein bisschen weniger geworden?

P: Also die Trauer ist weniger geworden, ja. Aber diese Leere. Ich spüre sie. Ich habe diese Leere immer noch. Vor allem, wenn ich spüre, dass es nicht mehr hier ist. *(lauter:)* Ich spüre es richtig!

T: Mhm. Also, wenn Sie jetzt dran denken oder sich damit beschäftigen. Was treten denn da für Gefühle auf?

Affektfokus (Affekte während des Erzählens) – erfordert höhere Mentalisierungskapazität, da über Affekte gesprochen wird, während sie präsent sind (»mentalized affectivity«)

P: Unangenehme.

T: Ja … was spüren Sie so, an Unangenehmem. Jetzt gerade, wenn Sie darüber reden?

P: Verletzlich, es ist Verletzung. Schmerz.

T: Schmerz? Ja? Wie merken Sie denn den Schmerz?

P: Hier.

T: Ah. Das ist im Herzen, oder … Mhm … Wie … fühlt sich das an?

P: Schwierig zu sagen.

T: Ja … Versuchen Sie mal zu sagen, was da … – Merken Sie das körperlich am Herzen?

P: Nein, das nicht.

T: Mhm. Aber Sie haben das Gefühl, das ist im Herzen – der Schmerz.

P: Mhm.

T: Und das, was Sie vorher erwähnt haben. Das, was Sie gesagt haben, was noch geblieben ist: das Gefühl von Leere … und das schlechte Gewissen. Fühlen Sie das denn im Moment auch, wenn Sie drüber reden?

P: Mhm. Vor allem: Wenn ich darüber rede … – Ich rede ja eigentlich das erste Mal seit langem – seit ein paar Tagen – darüber. Und das ist schon …

T: Ist es unangenehm?

P: Es ist sehr unangenehm, darüber zu reden. Weil alles wieder hochkommt.

T: Und, was kommt – was passiert dann mit Ihnen? Können Sie mir das nochmals sagen, was da hochkommt?

P: *(kräftig)* Trauer! Schmerz!

T: Ich find das gut, dass Sie das nochmals sagen.

Collaborative stance, Überleitung zum interpersonellen Affektfokus (gemeinsames affektives Erleben im Hier und Jetzt)

P: Leere!

T: Das spüren Sie jetzt im Moment auch …?

P: Ein schlechtes Gewissen!

T: Ja … Das sind Ihre Gefühle … Frau Berg, ich finde das sehr gut, dass Sie sie sagen. Dass Sie das aussprechen können, sodass ich das mit Ihnen teilen und mitempfinden kann, … damit ich weiß, okay – das, was Sie da empfinden ist: Schmerz, Trauer, schlechtes Gewissen und Leere. … *(kurze Pause)* Diese Gefühle, die Sie jetzt benannt haben, die jetzt auch hochkommen – sehr unangenehm, wenn Sie darüber reden … Sind die denn für Sie – würden Sie sagen, die sind »okay«, die sind angemessen, die passen zu dem, was passiert ist?

Normalisierung (»Normalizing«) der Affekte

P: Ja.

T: Fühlt sich das so an für Sie auch?

P: Also … Traurigsein ist ja eigentlich ganz normal bei so einem Fall. Aber das schlechte Gewissen und … hmm … Ich verstehe nicht, warum ich ein schlechtes Gewissen habe, obwohl ich weiß, dass ich die richtige Entscheidung getroffen habe.

Im weiteren Verlauf des Gesprächs wird es nun, nachdem nach und nach die Affekte mentalisiert werden konnten, möglich, das schlechte Gewissen weiter zu untersuchen und insbesondere in die interpersonelle Situation mit dem Therapeuten zu übertragen. Hat das schlechte Gewissen auch mit der therapeutischen Beziehung zu tun? Die Haltung des Therapeuten bleibt dabei nicht-wissend, er formuliert diesen Gedanken nicht stellvertretend für die Patientin.

Die Thematik des Schwangerschaftsabbruchs blieb auch in der weiteren, insgesamt 18-monatigen Therapie relevant und tauchte als emotional signifikantes Ereignis in der Beziehung zum Partner wie auch bezüglich des Durchhaltevermögens am Arbeitsplatz immer wieder auf.

7 Hauptanwendungsgebiete

7.1 Persönlichkeitsstörungen

Nach ICD-10 (WHO, 1993) liegt eine Persönlichkeitsstörung grundsätzlich vor, wenn bei einer Person bestimmte Verhaltens-, Gefühls- und Denkmuster vorhanden sind, die deutlich von den Erwartungen der soziokulturellen Umgebung abweichen. Die charakteristischen Persönlichkeitszüge einer spezifischen Persönlichkeitsstörung sind überdauernd vorhanden, unflexibel und wenig angepasst und führen zu Leiden oder Beeinträchtigung in sozialen Funktionsbereichen.

Epidemiologische Studien zeigen eine Prävalenzrate von ca. 10 % für das Vorliegen einer Persönlichkeitsstörung in der Allgemeinbevölkerung (Euler et al., 2015). Durch den starken Zusammenhang mit Suchterkrankungen, Suizidalität, Impulsivität und Kriminalität sowie intensiven psychiatrischen Behandlungen haben die Cluster-B-Persönlichkeitsstörungen des DSM-5 (insbesondere Borderline, antisoziale und narzisstische Persönlichkeitsstörung) für die Versorgung eine besondere Relevanz (Walter et al., 2016; Euler et al., 2018; Busmann et al., 2019). Die Borderline-Störung ist die häufigste Persönlichkeitsstörung in der ambulanten und stationären psychiatrischen Versorgung (Gunderson et al., 2013; Kernberg und Michels, 2009). Obwohl ein stabiler Verlauf für Persönlichkeitsstörungen diagnostisch wegweisend ist, zeigen neuere Verlaufsstudien eine geringe zeitliche Stabilität der Symptome, wobei vor allem psychosoziale Beeinträchtigungen langfristig bestehen (Gunderson et al., 2011; Zanarini et al., 2007).

In der aktuellen Klassifikation des DSM-5 der American Psychiatric Association (APA, 2013) werden die Persönlichkeitsstörungen nicht mehr auf einer eigenen Achse erfasst. Ansonsten folgt ihre Klassifikation der deskriptiven und kategorialen Systematik der Vorversion DSM IV. Im Anhang (Section III) ist es anhand eines alternativen Modells (Mehrkomponenten- oder Hybrid-Modell) zusätzlich möglich, mit den Kriterien A und B eine dimensionale Einschätzung des Funktionsniveaus der Persönlichkeit und eine spezifische Klassifikation von Persönlichkeitsfaktoren vorzunehmen.

7.1.1 Borderline-Persönlichkeitsstörung

Nach den Arbeiten in den siebziger Jahren von Kernberg (1975), Gunderson und Singer (1975) und Spitzer et al. (1979) wurde aus dem zunächst klinisch diffusen Borderline-Syndrom, das u. a. als Charakterstörung oder auch als ein akuter Zustand verstanden worden war, die Konzeption der Borderline-Persönlichkeitsstörung entwickelt. In empirischen Studien konnten instabile Beziehungsmuster, affektive Dysregulation sowie Impulsivität als Kernsymptome der Borderline-Persönlichkeitsstörung nachgewiesen werden (Blais et al., 1999; Burgmer et al., 2000; Herpertz, 2011; Zanarini et al., 2007).

Der kategoriale Ansatz des DSM-5 definiert das Vorliegen einer Borderline-Persönlichkeitsstörung über das Vorhandensein eines tiefgreifenden Musters einer Instabilität in den zwischenmenschlichen Beziehungen, im Selbstbild und in den Affekten bei deutlicher Impulsivität. Selbstverletzungen und Suizidrohungen oder -handlungen gelten diagnostisch als richtungsweisend (Grilo et al., 2007; Gunderson, 1997; Gunderson et al., 2011; Leichsenring et al., 2011). Die Klassifikation erfolgt entsprechend der Logik von DSM auch in der ICD-10 auf einer phänomenologischen Ebene. Zusätzlich zum Vorhandensein von mindestens fünf von neun beschriebenen Kriterien ist es im DSM-5 möglich, in Sektion III eine dimensionale Klassifikation des psychosozialen Funktionsniveaus vorzunehmen (APA, 2013).

In der Therapie der Patienten wurde das Fehlen angemessener Behandlungsstrategien und das konsekutive Scheitern der klassischen Psychoanalyse hauptsächlich dem Widerstand (entsprechend der psychoanalytischen Nomenklatur) der Patienten zugeschrieben. Daraus resultierte ein bis heute nachwirkendes Bild der Patienten als destruktiv für sich selbst und andere und sie galten durch die Induktion eines sog. »Gegenübertragungshasses« (Maltsberger und Buie, 1974) beim Therapeuten lange als nicht behandelbar. Allerdings setzte sich in der Psychoanalyse – auch durch den Diskurs der Objektpsychologie (Kernberg, 1975) mit der Selbst-Psychologie (Kohut, 1971, 1977) und frühen intersubjektiven Ansätzen (Übersicht bei Altmeyer und Thomä, 2007; Stolorow et al., 1987) zunehmend die Haltung durch, dass ein von der klassischen Psychoanalyse abweichendes Behandlungs- und Beziehungsangebot durchaus erfolgversprechend ist. Ende der 1980er Jahre kam dann aus der Verhaltenstherapie mit der Dialektisch-Behavioralen Therapie (DBT, Linehan, 1993b) als damals innovativster Ansatz für das Verständnis und die Behandlung der Störung. Die mit der DBT verbundene, durch Akzeptanz und Validierung von Störungsaspekten gekennzeichnete Haltung gegenüber den Patienten hat viel zu deren Entstigmatisierung beigetragen.

Für die Borderline-Persönlichkeitsstörung haben sich auf der Basis randomisiert-kontrollierter Studien (RCT) in den letzten zwei Jahrzehnten mit Dialektisch-Behavioraler Therapie (DBT) (Linehan, 1993a), Mentalisierungbasierter Therapie (MBT) (Bateman und Fonagy, 2005), Schematherapie (Young et al., 2003) und Übertragungsfokussierter Psychotherapie (transference-focussed psychotherapy, TFP) (Clarkin et al., 2006), vier »große« evidenzbasierte psychotherapeutische Behandlungsverfahren etabliert, die einige Gemeinsamkeiten aufweisen (▶ Kap. 2) (Euler et al., 2018a).

Aufgrund der häufigen Komorbiditäten, nicht zuletzt die hohe Rate an komorbider Substanzabhängigkeit (Euler et al., 2015; Walter et al., 2009), sowie den Selbstverletzungen und Suizidalität haben die Patienten häufig Kontakte mit der Psychiatrie. Nur ein geringer Anteil von Patienten erhält allerdings in Deutschland eine leitliniengerechte Behandlung (Bohus und Kroger, 2011). Neben Fehldiagnosen und der Fehleinschätzung der Patienten als manipulativ statt seelisch krank (Gunderson, 2011) mit der Folge unprofessioneller Behandlungsansätze ist dies auch verbunden mit erheblichen Kosten vor allem im stationär psychiatrischen Bereich (Bohus und Kroger, 2011).

Heute ist die Borderline-Persönlichkeitsstörung eine gut untersuchte und validierte Störungskategorie, für die spezifische Behandlungsoptionen evidenzbasiert sind (Euler, Stalujanis und Spitzer, 2018). Dabei wird sie entsprechend eines bio-psycho-sozialen Krankheitsverständnisses als polyätiologisch verursacht verstanden. Erkenntnisse über die Genetik und die frühkindliche Entwicklung (Fonagy, 1995; Fonagy und Target, 1997) haben zum Verständnis des Störungsbildes beigetragen. Auch neurobiologische Forschungsbefunde wie verringerte Gedächtnisfunktion für positive dyadische Interaktionen (Gunderson und Lyons-Ruth, 2008), mangelnde Affektwahrnehmung unter Stress (Preissler et al., 2010), Fehlinterpretationen bei der Einschätzung emotionaler Gesichtsausdrücke (Domes et al., 2009) oder verminderten Inhibierungsfähigkeiten bei negativen Stimuli (Gratz et al., 2010) haben zudem zur Verbesserung psychotherapeutischer Behandlungsansätze beigetragen (Übersicht zur Neurobiologie der Borderline-Störung bei Herpertz, 2011).

Bezüglich des Verlaufs konnten in Langzeitstudien (The McLean Study of Adult Development/MSAD von Zanarini, 2005 und Collaborative Longitudinal Personality Disorders study/CLAPS von Gunderson et al., 2000) hohe Remissionsraten nachgewiesen werden. Die psychosoziale Beeinträchtigung von Borderline-Patienten ist allerdings schwerwiegender als bei anderen Persönlichkeitsstörungen und hält an, auch wenn die Symptomatik remittiert bzw. die diagnostischen Kriterien nicht mehr erfüllt sind (Gunderson et al., 2011; Skodol et al., 2002; Walter et al., 2016; Zanarini et al., 2004, 2005, 2010). Hierbei spielen das diagnostische Kriterium einer ausgeprägten Furcht, verlassen zu werden, wie auch die Hypersensitivität in sozialen Beziehungen mit der Zuschreibung feindseliger Motive bei anderen und die hohe Zurückweisungssensitivität eine wegweisende Rolle (Gunderson und Lyons-Ruth, 2008; Euler et al., 2018) und gelten als wesentliche therapeutische Ansatzpunkte für eine langfristige Stabilisierung (Bateman und Fonagy, 2016).

Mentalisierung und Borderline-Persönlichkeitsstörung

Die zentralen Symptome affektive Dysregulation, Impulsivität und interpersonelle Schwierigkeiten mit konsekutiver Selbstverletzung, Suizidaliät und Entwicklung komorbider Erkrankungen (z. B. Substanzkonsum) lassen sich konzeptionell gut mit dem Mentalisierungsmodell verknüpfen. Das Kriterium A der Sektion III des DSM-5 wird dabei als hilfreich angesehen (Bateman und Fonagy, 2016). Die Mentalisierungsstörung von Borderline-Patienten umfasst alle vier Dimensionen (▶ Tab. 1) und korreliert vor allem mit dem Grad der emotionalen Anspannung. Die mangelnde Top-Down-Kontrolle des frontalen Kortex zur Affekt- und Impulsregulation wird als neurobiologisches Korrelat des Mentalisierungsversagens bei Hyperarousal betrachtet (Luyten et al., 2012b). Das ist häufig mit dem Erleben von Affekten im Äquivalenzmodus verbunden.

Die typische Emotionsdysregulation bei Borderline-Patienten gilt als mangelnde Balance der kognitiv-affektiven und der implizit-expliziten Mentalisierungdimension. Intensive negative Affekte sind wiederum mit einer höheren Wahrscheinlichkeit für Impulsivität assoziiert (Gratz et al., 2010). Impulsivität ist mit automatisiertem Mentalisieren verbunden. Die Auswirkungen des Verhaltens auf das Selbst und andere sind eingeschränkt oder nicht reflektierbar. Impulsivität basiert auf einer Überbetonung der äußeren Realität. Handlungen im teleologischen Modus ohne mentale Korrelate könnten die Folge sein. Retrospektiv können eigene (impulsive) Handlungen oft nicht mental verstanden werden, so dass die Gefahr der nachträglich konstruierten Erklärungen im Als-ob-Modus (Pseudomentalisieren) besteht (Taubner et al., in press).

Eine Borderline-Patientin in der Gruppentherapie schweigt und wirkt abwesend, während die Gruppe über die Schwierigkeiten in familiären Beziehungen spricht. Der Gruppenleiter, der von der Patientin erfahren hat, dass die Thematik auch für sie Relevanz besitzt, schaut sie mehrfach auffordernd an. Schließlich verlässt die Patientin fluchtartig den Raum und äußert draußen gegenüber der Bezugsperson, nicht mehr in die Gruppe zu gehen, da der Leiter es darauf abgesehen habe, sie durch provokative Blicke auszugrenzen. Dies habe er von Anfang an im Sinn gehabt, das habe sie verschiedentlich ganz genau beobachten können (*Äquivalenzmodus, teleologischer Modus*). Am Folgetag erläutert sie im Gespräch mit der Einzeltherapeutin, dass das ja eine therapeutische Vorgehensweise sei, um die Patienten an Grenzen zu bringen. Die Therapeuten wüssten, was in den Patienten vorgehe, und würden ihr psychologisches Wissen gezielt einsetzen, um den Patienten zu helfen. Der Therapeut habe bei ihr extra

Angst auslösen wollen und sie könne sich dieser Angst jetzt stellen (*Pseudomentalisieren*).

Zentral in der Ätiopathogenese der Borderline-Persönlichkeitsstörung ist die Beeinträchtigung des Mentalisierens in bindungsrelevanten Situationen. Dabei besteht eine Überrepräsentanz unsicher-verstrickter und ängstlicher Bindungsrepräsentanzen (Bateman und Fonagy, 2016; Fonagy, 1995). Da vor allem zwischenmenschlich signifikante Situationen das Bindungssystem aktivieren, ist das Konzept des Mentalisierens für jede Interaktion mit Borderline-Patienten bedeutsam. Hierin liegt auch die Ursache für die interpersonelle Problematik, die schwerwiegend und langfristig ist. Die Hypersensitivität in sozialen Beziehungen mit der Zuschreibung feindseliger Motive bei anderen und die hohe Zurückweisungssensitivität korrespondieren mit einer Fixierung auf automatische und externale (Fehl-)Mentalisierung. Experimentelle Studienergebnisse konnten bereits eine Korrelation zwischen Zurückweisungssensivität und interpersonellen Schwierigkeiten zeigen (Euler et al., 2018). Die Abbildung zeigt ein prototypisches Mentalisierungsprofil einer Borderline-Patientin im Vergleich zu einem Patienten mit antisozialer Persönlichkeitsstörung unter Berücksichtigung der vier Dimensionen des Mentalisierens (▶ Abb. 4). Die external starke Ausprägung der Mentalisierung

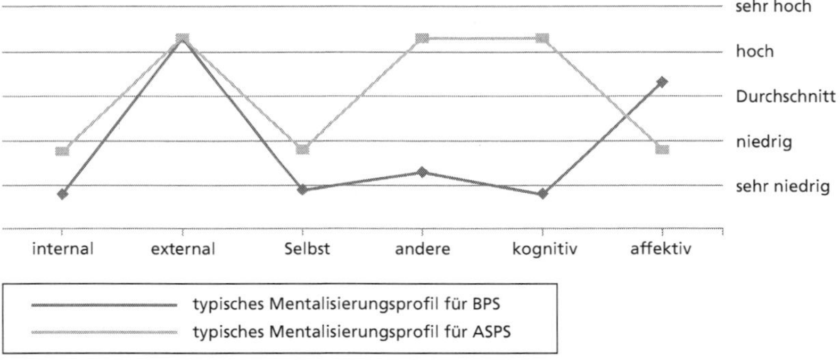

Abb. 4: Prototypische Mentalisierungsprofile für Patienten mit Borderline- (BPS) und antisozialer Persönlichkeitsstörung (ASPS) (modifiziert nach Bateman und Fonagy, 2016. Mit freundlicher Genehmigung von Oxford University Press.)

anderer bei gleichzeitig unterrepräsentierter internaler Mentalisierung wird auch als »Borderline-Empathie-Paradox« (Dinsdale und Crespi, 2013) bezeichnet und führt häufig zur Verzerrung der Vorstellung von den mentalen Zuständen anderer.

Das Fremde Selbst (Alien Self)

Ein Alien Self (Fonagy et al., 2004) entsteht aus der repetitiven und anhaltenden Erfahrung, dass Fürsorgepersonen dem Säugling ein fehlerbehaftetes soziales Feedback geben, und ist damit eng an das Konzept der inkongruenten, unmarkierten Spiegelung angelehnt (▶ Kap. 3) (Allen et al., 2008; Bateman und Fonagy, 2016; Dornes, 2004). Das Kind verinnerlicht eine nicht-kongruente fremde Repräsentanz seines Selbst wie z. B. »ich bin unerträglich«. Diese Repräsentation des Selbst bleibt »fremd«, da sie keine Verbindung zum genuinen Selbst aufweist. Patienten mit traumatischen Erfahrungen (Missbrauch, Misshandlung, Vernachlässigung) verinnerlichen außerdem mentale Zustände des aversiven Elternteils, bei denen der Säugling als Selbstobjekt für eigene emotionale, sexuelle oder aggressive Affekte der Bezugsperson benutzt wird (Euler und Schultz-Venrath, 2014b; Taubner et al., in press). Damit enthält das Fremde Selbst verfolgende und feindselige Anteile, die die Patienten lebenslang von innen angreifen. In Bezug auf diese Prozesse geht es dann nicht um zeitweilige und modifizierbare Gefühle der Inkohärenz, die jedes Subjekt als Teil von aversiven Beziehungserfahrungen hat, sondern sie sind existenzieller Art. Dies führt zur Notwendigkeit, andere permanent als Vehikel für verfolgende Selbstanteile benutzen, um das fremde Selbst durch projektive Identifikation zu externalisieren, d. h., »fremde« Affektkorrelate müssen lebenslang im Dienste der Selbsterhaltung anderen Personen eingegeben (gewissermaßen re-introjiziert) werden (Euler und Schultz-Venrath, 2014b). Steht niemand als Empfänger dieser Selbstanteile zur Verfügung, so herrscht das Erleben von Selbsthass und Wut auf andere vor, das zu selbst- oder fremdgefährlichem Verhalten führt, um die Selbstkohärenz zurückzugewinnen (Taubner, Sevecke und Rossouw, 2015).

Epistemic mistrust

Durch fehlabgestimmte Signale in unsicheren Bindungsbeziehungen entsteht bei Borderline-Patienten ein epistemisches Misstrauen (»epistemic mistrust«, ▶ Kap. 3.4). Interaktionen mit anderen enthalten für sie per se keine zuverlässigen und hilfreichen Signale, so dass eine übermäßige Wachsamkeit entwickelt wird (»epistemic hypervigilance«), die soziales Lernen verunmöglicht.

Spezifische Aspekte beeinträchtigten Mentalisierens bei der Borderline-Persönlichkeitsstörung

- Die Balance zwischen affektiver/kognitiver- und Selbst/anderer-Mentalisierung ist häufig beeinträchtigt.
- Mentalisieren erfolgt häufig implizit (automatisiert) auf der Basis verinnerlichter Repräsentanzen – Ziel ist die Förderung expliziten Mentalisierens.
- Affekte werden häufig im Äquivalenzmodus erlebt; daraus folgende impulsive Handlungen werden im Nachhinein häufig im Als-ob-Modus erklärt.
- Die Kardinalsymptome affektive Dysregulation, Impulsivität und interpersonelle Schwierigkeiten sind Folge beeinträchtigten Mentalisierens.
- Für die Gestaltung interpersoneller Beziehungen ist das entwicklungspsychologische Verständnis des »alien self« und »epistemic mistrust« wegweisend.

Spezifische Interventionen für die MBT der Borderline-Persönlichkeitsstörung

Die MBT fokussiert auf Affekte und interpersonelles Erleben (▶ Kap. 5) und setzt entsprechend der zentralen Stellung von Affektregulation und interpersonellen Problemen bei Patienten mit Borderline-Persönlichkeitsstörung genau dort an. Das heißt, der Fokus liegt auf interpersonellen Situationen außerhalb und innerhalb der Therapie und die Elaboration und Fokussierung der erlebten Affekte. In Anlehnung an die vier Dimensionen des Mentalisierens haben die Förderung des expliziten Mentalisierens und eine ausgewogene Oszillation zwischen dem Mentalisieren von Selbst und anderen sowie affektivem und kognitivem Mentalisieren einen besonderen Stellenwert. Aufgrund des ständigen Hyperarousals in sozialen Situationen orientieren sich die Interventionen besonders stark am Anspannungs- bzw. Angstniveau des Patienten und werden entsprechend mehr oder weniger komplex gestaltet. Ein optimales Anspannungsniveau fördert das Mentalisieren von Affekten, während sie präsent sind (»mentalized affectivity« ▶ Kap. 5.2). Die Angst vor der Auseinandersetzung mit mentalen Zuständen von Selbst und anderen soll einer hinterfragenden Neugier weichen, die vom Therapeuten aktiv vorgelebt wird (»not knowing stance«). Wesentlich dabei ist häufig die Verlangsamung des Geschehens bzw. des narrativen Flusses, um für das Mentale Raum zu schaffen (»stop and stand«, »stop and rewind«). Der Therapeut muss sich nicht verpflichtet fühlen, Unverständliches zu verstehen (Bateman und Fonagy, 2012a) und sollte sofort deutlich machen, wenn für ihn etwas nicht nachvollziehbar ist (»stop and stand« ▶ Kap. 5.2). Er ist dabei authentisch erlebbar und stellt seinen eigenen mentalen Prozess für die gemeinsame Reflexion zur Verfügung, insbesondere wenn er selbst unsicher oder zweifelnd ist. Entscheidend für den Transfer des Geschehens in der therapeutischen Beziehung in den sozialen Beziehungsalltag der Patienten sind Natürlichkeit und Alltagsnähe der therapeutischen Begegnung, bei der ein therapeutischer Habitus vermieden wird. »Ostensive cues« (▶ Kap. 3, ▶ Kap. 5.1 und ▶ Kap. 9) durch Augenkontakt und permanente Abstimmung auch auf der nonverbalen Ebene, u. a. durch die Anpassung der Stimmlage und des Sprachduktus, sind vertrauensfördernd im Sinne des epistemischen Vertrauens (▶ Kap. 3.4). Sie bilden die Voraussetzung, dass interpersonelle Erfahrungen konstruktiv verwertet werden können. Die Diagnose wird gemeinsam besprochen und in einen biographischen Zusammenhang gestellt. Die Fallformulierung unterstützt diesen Prozess (▶ Kap. 6 und ▶ Kap. 8.1). Dort werden die für den Borderline-Patienten spezifischen Mentalisierungs- und Beziehungs-(Bindungs-)Probleme festgehalten. Die Formulierung enthält insbesondere Formulierungen, welche die Brücken bilden zwischen Mentalisierungsproblemen und Symptomen mit einer präzisen Beschreibung überprüfbarer Therapieziele. Auf der Grundlage der Fallformulierung stellt die therapeutische Begegnung in Einzel- und Gruppentherapie dann ein Spiel- bzw. Trainingsfeld (Bateman und Fonagy, 2016; Karterud, 2015) dar, auf dem unter Fokussierung auf interpersonelle Affekte eine kollaborative, reziproke und transaktionelle mentale Begegnung stattfindet. Nicht-mentalisierende Diskurse sollen unbedingt vermieden werden. Einen solchen erkennen Sie beispielsweise, wenn in einem Dialog keine dynamische Spannung entsteht und mentales Erleben inklusive der Affekte vor allem sprachlich-kognitiv erfasst werden (Als-ob-Modus) oder wenn Sie Ihre Interventionen wiederholt mit »Aber« oder »Ja, aber« (Äquivalenzmodus) beginnen.

Mentalisierungsfördernde Prinzipien in der Psychotherapie der Borderline-Persönlichkeitsstörung

- kurze, prägnante und unmittelbare Interventionen
- Anpassung der Komplexität und Anforderung an das aktuelle Anspannungsniveau bzw. die aktuelle Mentalisierungskapazität
- nah am aktuellen Kontext bleiben, detailgenaues Klarifizieren der äußeren Realität bilden die Grundlage für Mentalisieren
- Fokus auf Mentales der Beteiligten auf der Basis von Verhaltens-/Handlungsbeschreibungen
- bewusstseinsnahes Erleben fokussieren
- Untersuchung Schritt für Schritt von der Oberfläche in die Tiefe, anspruchsvolles Mentalisieren nur, wenn die Mentalisierungskapazität des Patienten es erlaubt

Umgang mit Selbstverletzung/Suizidalität

Selbstverletzung und Suizialität werden in der MBT als Mentalisierungsversagen verstanden, welches die Folge eines (drohenden) Verlustes der Selbstkohärenz ist. Keinesfalls wird es als »Angriff auf den Rahmen der Therapie« oder gar aggressiver Impuls des Patienten gegen den Therapeuten konzeptualisiert, wie dies in anderen psychodynamischen Verfahren erfolgt. Selbstverletzung und Suizialität können z. B. erfolgen (Bateman und Fonagy, 2016; Taubner et al., in press) …

- bei überflutenden negativen Affekten im Äquivalenzmodus,
- als Reaktion auf einen gefühlten Selbstverlust (Gefühle von Leere und/oder Dissoziation) im Als-ob-Modus,
- als auf unmittelbar Erlebbares beschränktes Empfinden im teleologischen Modus.

Das Ziel einer psychotherapeutischen Aufarbeitung im Sinn einer funktionellen Analyse besteht in einer schrittweisen (»stepwise« in »microslices«, Bateman und Fonagy, 2016) Untersuchung des mentalen Geschehens vor und um das Ereignis, um den Moment des Mentalisierungsversagens zu rekonstruieren und mögliche Trigger zu identifizieren. Zunächst erfolgt eine empathische Validierung, für die ausreichend Raum zur Verfügung stehen muss. Scheitert der Versuch einer Reflexion der Ereignisse, wird zunächst das mit der Selbstverletzung oder dem Suizidversuch verbundene Dilemma von Patient und Therapeut geteilt. Je schwieriger es sich darstellt, das Ereignis zu reflektieren, desto eher erfolgt auch eine gewisse Toleranz für den Bericht anderer, »ungefährlicher« Sachverhalte. Der Therapeut übernimmt allerdings die Aufgabe, sich immer wieder sensibel und vorsichtig in den kritischen Bereich des Ereignisses vorzutasten. Häufig haben Patienten große Schwierigkeiten, sich zu erinnern (Als-ob-Modus ohne Zugang zu den mentalen Korrelaten der Handlung). Auch hier unterstützt der Therapeut sie aktiv darin, Erinnerungsspuren zu induzieren, zunächst, indem er ganz konkrete, einfache und affektiv neutrale Fragen stellt und gleichzeitig erläutert, dass es ihm wichtig ist, die Situation genau zu erfassen, um sie sich vorzustellen und mit dem Patienten teilen zu können. Rückversicherungen, ob das Gespräch für den Patienten aushaltbar ist, gehören ebenso zum Interventionsspektrum wie immer wieder eingestreute empathische Validierungen, sobald dazu Gelegenheit besteht. Dabei sind auf Seiten des Therapeuten nicht selten sehr viel Geduld und eine gewisse »milde Hartnäckigkeit« gefragt. Eine Konfrontation mit dem »Widerstand« des Patienten, über das Geschehen zu reden, ist ebenso wenig mentalisierungsfördernd wie die Fokussierung möglicher

Handlungsalternativen in der kritischen Situation. Die Kunst ist die gemeinsame prozedurale Entwicklung der Mentalisierung des Ereignisses, ohne vorschnell damit zu beginnen, stellvertretend für den Patienten zu mentalisieren und mögliche Affekte und mentale Prozesse für ihn zu formulieren.

Das Ziel dieser funktionellen Analyse ist das prozedurale gemeinsame Erleben, dass Affekte Teil eines prozesshaften mentalen Geschehens sind, die Handlungen zugrunde liegen. Kritische Momente für Selbstverletzungen und Suizidalität können so in ihrer facettenreichen affektiven und interpersonellen Komplexität verstanden werden. Wichtig ist, dass die Untersuchung stets unmittelbar an der konkreten Situation entlang erfolgt und verallgemeinernde, schematische oder zu komplexe Erklärungsversuche rasch unterbunden werden.

Die hier beschriebene Vorgehensweise für die therapeutische Mentalisierung von Selbstverletzungen und Suizidversuchen kann prototypisch auch für andere Momente des Mentalisierungsversagens, wie zwischenmenschliche Konflikteskalationen, ggf. auch mit körperlicher Gewalt, und andere selbstschädigende Verhaltensweisen (sexuelle Gefährdungssituationen, Ess-Brech-Anfälle oder Alkohol-/Drogenkonsum) stehen.

7.1.2 Antisoziale Persönlichkeitsstörung

Zur antisozialen Persönlichkeitsstörung (DSM-5) oder dissozialen Persönlichkeitsstörung (ICD-10) besteht ein dimensionaler Übergang von der narzisstischen Persönlichkeitsstörung (Kernberg, 1992). Sowohl die narzisstische als auch die antisoziale Persönlichkeitsstörung können als narzisstische Störungen bezeichnet werden (Walter und Bilke-Hentsch, in press). Allgemein wurde wie auch für die anderen Persönlichkeitsstörungen kritisiert, dass in der Diagnostik der antisozialen Persönlichkeitsstörung vor allem das beobachtbare und damit oftmals deliquente Verhalten Eingang in die diagnostischen Kriterien gefunden hat und nicht zugrundeliegende strukturelle Merkmale der Persönlichkeit (Coid und Ullrich, 2010; Herpertz und Habermeyer, 2004; Walter und Bilke-Hentsch, in press). Hier wird die Möglichkeit der zusätzlichen Klassifikation im alternativen Modell der Sektion III (Kriterium B) des DSM-5 für die Zukunft als bedeutsam angesehen. Die dort definierten Persönlichkeitscharakteristika weisen mit ihren interpersonellen und affektiven Traits eine große Überschneidung mit dem amerikanischen Psychopathie-Konzept auf (Glenn, Johnson und Raine, 2013). Der Begriff »Psychopathie« selbst kommt allerdings im DSM-5 nicht vor. Hare hat zur Erfassung der Psychopathie die Psychopathy Checklist (PCL, Hare, 1991, 2003) mit einer inzwischen vorliegenden revidierten Form (PCL-R) entwickelt, in der neben den Verhaltensmerkmalen Impulsivität, mangelhafte Verhaltenskontrolle, Suche nach Stimulation, Neigung zur Langeweile und Verantwortungslosigkeit sowie antisoziale Verhaltensstile auch interpersonale und emotionale Faktoren wie fehlende Gefühle von Reue und Schuld, mangelndes Gefühl der Verbundenheit mit anderen Menschen, fehlende Zuneigung und Verantwortung sowie typische kognitive Muster mit impulsivem Denkstil, fehlender Reflexionsfähigkeit, Defiziten im Erkennen von Problemsituationen und Unfähigkeit, die Konsequenzen des eigenen Verhaltens zu antizipieren, beschrieben werden (Hare, 1991, 2003; Herpertz und Habermeyer, 2004). Studien zufolge scheint es auch für die Stressreaktion entscheidend zu sein, ob einige DSM-5-Kriterien der antisozialen Persönlichkeitsstörung erfüllt sind oder ob eine psychopathische Persönlichkeit mit den genannten Merkmalen vorliegt (Walter et al., 2011). Über die definitorischen Kriterien in der Sektion III des DSM-5 lassen sich ebenso wie auf der Basis des Psychopathiekonzepts Beziehungen zum Mentalisierungsmodell herstellen. Neurobiologischen Befunden zufolge ist die antisoziale Persönlichkeitsstörung durch eine eingeschränkte emotionale Reagibilität und eine strukturelle Volumenminderung im präfrontalen Kortex geprägt (Narayan et al., 2007).

Mentalisierung und antisoziale Persönlichkeitsstörung

Aus Sicht der Mentalisierungstheorie werden Menschen mit antisozialer Persönlichkeitsstörung (ASPS) als Experten für das (kognitive) Erkennen der mentalen Zustände (kognitive Hypermentalisierung) anderer bezeichnet, die es verstehen, dies für ihre eigenen Zwecke nutzbar zu machen. Dabei fokussieren sie primär auf äußerlich beobachtbare Aspekte des Mentalen (externaler Fokus), während sich nicht daraus ableitbare mentale Zustände anderer nicht oder schwer erkannt werden können. Gleichzeitig sind antisoziale Persönlichkeiten nicht in der Lage, sich affektiv in das innere Erleben anderer, z. B. in die Verzweiflung eines Opfers, einzu*fühlen*. Daneben besteht auch eine mangelnde Fähigkeit, eigene affektive innere Zustände zu mentalisieren (Bateman und Fonagy, 2013, 2016). Mentalisieren bei Menschen mit antisozialer Persönlichkeitsstörung hat also einen kognitiv-externalen Fokus auf andere (▸ Tab. 1 und ▸ Abb. 4).

Mit dem mangelnden Erkennen ängstlicher Gesichtsausdrücke (Marsh et al., 2008) ist bei antisozialen Patienten beispielsweise eine Hyporesponsivität der Amygdala assoziiert, welche im Sinne eines Bottom-up-Mechanismus zu einer mangelnden exekutiven Kontrolle aggressiven Verhaltens führen könnte (Bateman, Bolton und Fonagy, 2013; Bateman und Fonagy, 2016). Defizite in der Mentalisierung sind mit Psychopathie und proaktiver Aggression verbunden (Taubner et al., 2013b). Andererseits ist eine höhere Mentalisierungskapazität als protektiver Moderator nachgewiesen worden, der bei Jugendlichen mit psychopathischen Traits aggressives Verhalten hemmt (Taubner et al., 2016). Der Zusammenhang von beeinträchtigter Mentalisierung und Missbrauchserfahrungen konnte in dieser Studie ebenfalls nachgewiesen werden.

Entwicklungspsychologisch lässt sich daraus ableiten, dass das kindliche Selbst sich bezüglich eines misshandelnden Elternteils auf äußere Merkmale für vorhersagbares Verhalten fokussieren muss (»Sind beim Vater äußere Merkmale beobachtbar, dass er betrunken und mies gelaunt ist, dann drohen Schläge, also gehe ich ihm besser aus dem Weg«). Gleichzeitig entwickelt sich eine Mentalisierungsblockade gegenüber eigenen Affekten (da unerträgliche Angst, Unsicherheit und Bedrohung nicht verarbeitet werden können, sofern keine »reparative« Bezugsperson Hilfs-Ich-Funktionen im Sinne kontingenter markierter Spiegelung und dem Spiel mit der Realität (▸ Kap. 3) zur Verfügung stellt). Auch gegenüber den Affekten des anderen entwickelt sich eine Mentalisierungsstörung (da die emotionale Einfühlung in einen misshandelnden Vater, für den Gefühle von Zugehörigkeit und Abhängigkeit bestehen, ebenfalls nicht bewältigbar ist). Das Ergebnis dieses entwicklungspsychologischen Dramas ist die Fähigkeit des Antisozialen, das Verhalten und die Gedanken anderer vorherzusagen, während deren Affekte und die eigene emotionale Befindlichkeit nicht bzw. nur verzerrt mentalisiert werden können. Andere können also auf der Verhaltensebene kontrolliert werden, während eigene Affekte, insbesondere Angst, Beschämung und Demütigung nicht wahrgenommen werden (können). Darüber hinaus besteht eine ausgeprägte Form epistemischen Misstrauens (▶ Kap. 3.4). Soziale Bezugspartner sind niemals vertrauenswürdig und müssen deshalb unter die eigene mentale Kontrolle gebracht werden. Eine evolutionsbiologisch sinnvolle Disposition wird hier – wie bei einigen anderen psychischen Erkrankungen wie z. B. Angststörungen – ins Negative verkehrt.

Prämentalistische Modi bei Antisozialer Persönlichkeitsstörung (modifiziert nach Bateman und Fonagy, 2016):

Äquivalenzmodus: Treten nur Spuren von Gefühlen wie Scham oder Unterlegenheit auf, werden diese so »überrreal« (und unmodifizierbar) erlebt, dass sie existenziell bedrohlich sind. Im Sinne des »dual arousal« (▶ Abb. 1) stehen zur Bewältigung nur Angst-Kampf-Reflexe (z. B. Gewalttätigkeit) zur Verfügung.

Als-ob-Modus: Das innere Erleben anderer, z. B. des Opfers, ist abgekoppelt von der eigenen Bedürfnisbefriedigung und insofern weder wahrnehm- noch einfühlbar.

Teleologischer Modus: Die soziale Welt wird in eine physische (hierarchische) Ordnung gebracht, in der ein System von Loyalität und Ehrenkodizes gilt. Erfahrungen sind nur bedeutsam, wenn sie beobachtbare Konsequenzen haben, Vergeltungsmaßnahmen erfolgen körperlich (erlebte Demütigungen führen beispielsweise zum »Ehrenmord«).

Das »alien self« (▶ Kap. 7.1.1) bei der antisozialen Persönlichkeitsstörung äußert sich dadurch, dass bedrohliche Selbstanteile (Verlust der Selbstkohärenz durch existenziell vernichtende Gefühle von Unterlegenheit, Scham, Insuffizienz) durch Externalisierung (Demütigung) im anderen kontrollierbar werden. Man denke hier z. B. auch an Kampfhunde als »alter ego« (Selbstobjekt), die »scharfgemacht« werden und so die eigene Grausamkeit internalisieren und gleichzeitig in einer klaren, animalischen Hierarchie kontrolliert werden können.

Spezifische Aspekte beeinträchtigten Mentalisierens bei der antisozialen Persönlichkeitsstörung

- Psychopathische Persönlichkeitsmerkmale sind mit einer verminderten Mentalisierungskapazität verbunden.
- Das Mentalisierungsprofil von antisozialen Persönlichkeiten ist auf externale Faktoren bei anderen und deren Kognitionen fokussiert im Sinne eines eigennützigen (»self-serving«) Verhaltens mit Vorhersagbarkeit und der Möglichkeit, das Verhalten anderer zu manipulieren.
- Gleichzeitig besteht eine Blockade, sich affektiv in andere einzufühlen und eigene Emotionen wahrzunehmen.
- Mentalisieren dient hier also nicht der reziproken sozialen Interaktion, sondern der Kontrolle und Manipulation anderer zum eigenen Schutz bzw. je nach dimensionaler Ausprägung psychopathischer Merkmale zur eigenen Bedürfnisbefriedigung auf Kosten der psychischen und körperlichen Integrität anderer.
- Häufig sehr prominent ist der teleologische Modus, bei dem nur beobachtbares Verhalten zählt, auf das handelnd reagiert werden kann.

Spezifische Interventionen für die MBT der Antisozialen Persönlichkeitsstörung (MBT-ASPD)

Die Fähigkeit, sich in Gefühle anderer (und allmählich auch in die eigenen) einzu*fühlen*, ist der langfristige Fokus der MBT-ASPD. Mit diesem Ziel im Hinterkopf muss die Externalisierung von sämtlichen Empfindungen, die Selbstwert, Selbstsicherheit und Selbstkontrolle bedrohen im Sinne einer Projektion des »alien self«, zunächst allerdings ebenso anerkannt werden wie die regelhaft fehlende Formulierung eines therapeutischen »Auftrags« bzw. fehlende genuine Therapiemotivation. Patienten mit antisozialer Persönlichkeitsstörung kommen häufig nicht freiwillig zur Therapie. Selbst wenn formale Freiwilligkeit (also keine gerichtliche Maßnahme oder Auflage) besteht, ist diese nicht vergleichbar mit dem Therapiewunsch eines Patienten mit dem subjektiven Leidensdruck bei einer Depression oder Angsterkrankung. Die Umstände (z. B. Schwierigkeiten im sozialen Umfeld oder mangelnde berufliche Verankerung) oder Komorbiditäten wie häufige Suchterkankungen (Euler et al., 2015; Walter et al., 2016) führen zur Behandlung, sofern noch keine Auflage dazu besteht.

Entsprechend müssen für die therapeutische Vorleistung innerhalb eines therapeutischen Beziehungsangebots ebenso wie für das Containing externalisierter Anteile des »alien self« beim Therapeuten oder beim Team besonders zu Anfang einer Behandlung ausreichende Kapazitäten vorhanden sein. Der Therapeut oder das Team werden zum Träger des »alien self« und geben dem Patienten damit einen Beziehungskredit. Die teleologische Ausübung von Kontrolle im Sinne einer (Mit-) Bestimmung äußerer Gegebenheiten (»Ich bestimme, um wieviel Uhr ich zur Therapie komme«) oder die Übernahme einer hierarchisch dominanten Position (z. B. in einer Gruppentherapie) erfordert Flexibilität bei den Therapeuten im Sinne eines Entgegenkommens, soweit dies juristisch, strukturell und personell möglich ist. Zu frühe Konfrontationen verunmöglichen die Entwicklung eines therapeutischen Veränderungsprozesses, da – wie bei der Borderline-Persönlichkeitsstörung – prämentalistische Modi vorherrschen und der Schutz der Selbstkohärenz mit Mentalisierungs- und Verhaltensstörungen einhergeht, die nicht unmittelbar veränderungssensitiv sind. Veränderungsorientierte Interventionen sind dann wirkungslos und werden allenfalls im Als-ob-Modus im Sinne einer oberflächlichen Anpassung an sozio-therapeutische Erwartungen übernommen, ohne dass eine mentale Verankerung erfolgt.

Das Grundprinzip, wo immer möglich mentalisierungsfördernde Interventionen anzuwenden und mentalisierungshemmende Interaktionen zu vermeiden, gilt auch für den schwierigen Behandlungsauftrag bei der ASPS. Aus Sicht des Mentalisierungsmodells sind Versuche, im Rahmen der Deliktarbeit Patienten bald einmal dazu aufzufordern, sich in ihre Opfer einfühlen, häufig ebenso wenig erfolgreich wie ein verhaltenstherapeutisches Trainieren normativer Verhaltensweisen im Sinne eines sozialen Kompetenztrainings.

Das Ziel der MBT-ASPD besteht darin, nach und nach ein Gefühl für Gefühle im Sinne einer affektiven Empathie für sich selbst und andere zu entwickeln, das in Bezug auf das Selbst nicht zum Zusammenbruch der Selbstkohärenz führt und in Bezug auf andere die Tendenz, diese ohne Berücksichtigung der Konsequenzen zu manipulieren, verringert.

Mentalisierungsfördernde Rahmenbedingungen bei Maßnahmebehandlungen (modifiziert nach Bateman und Fonagy, 2016)

- Oftmals fehlende Eigenmotivation zur Therapie anerkennen und immer wieder die sich daraus ergebenden gemeinsamen Schwierigkeit thematisieren.
- Behördliche Verlaufsberichte werden nach einer fest vereinbarten Zeit (erstmals möglichst nach > 4 Monaten der Therapie) erstellt und ggf. in mehreren Sitzungen, gemeinsam besprochen, schließlich in einer gemeinsam bearbeiteten Version versandt.
- In der Deliktarbeit werden Gewalt- und Straftaten gehandhabt wie etwa selbstverletzendes Verhalten bei der Borderline-Persönlichkeitsstörung (▶ Kap. 7.1.1).
- Regelverstöße führen nicht zu algorithmisch festgelegten Sanktionen, sondern werden gemeinsam thematisiert und nach Möglichkeit in der Gruppentherapie durch Peers kritisch hinterfragt.
- Machtdemonstrationen durch Therapeuten oder Teams sind sorgfältig zu evaluieren und so gut wie möglich zu vermeiden.
- In Anbetracht der anspruchsvollen Gratwanderung (»high risk/high gain«) in der Behandlung antisozialer und psychopathischer Patienten ist die Professionalität insbesondere teamgestützter Behandlungen durch eine erfahrene, kompetente Leitung, eine klare konzeptionelle Rahmengebung sowie hochfrequente Schulungen und Supervisionen zu gewährleisten.

Die Anwendung in forensischen Settings wurde im neuen Handbuch detailliert ausgearbeitet (Bateman und Fonagy, 2019).

Mentalisierungsfördernde Prinzipien in der Psychotherapie der antisozialen Persönlichkeitsstörung

- Primäres Ziel ist die Reduktion aggressiver Verhaltensweisen, die als Ausdruck schwer oder nicht bewältigbarer affektiver Selbstzustände verstanden werden.
- Gefühle von Unterlegenheit, Beschämung und Entwertung müssen von Therapeuten und Teams als Träger des »alien self« toleriert werden können.
- Dem Anspruch auf Mitbestimmung und Kontrolle äußerer Gegebenheiten im Sinne des teleologischen Modus muss im Sinne der kollaborativen Haltung in der Therapie partiell und kontrolliert entsprochen werden.
- Aufgrund der schwer beeinträchtigten Mentalisierung werden Aufforderungen zur Einfühlung in andere (z. B. in ein Opfer) und soziales Verhaltenstraining, insbesondere in der Initialphase der Therapie als kontraindiziert angesehen.
- Besonders zu achten ist auf Pseudomentalisieren im Sinne einer sozio-therapeutischen Anpassung ohne echte mentale Verankerung.

7.2 Essstörungen

Die ICD-10 unterscheidet grundlegend zwei Hauptgruppen von Essstörungen: die Anorexia nervosa und die Bulimia nervosa. Das DSM-5 enthält die Binge-Eating-Störung als zusätzliche Kategorie.

Bei der Anorexia nervosa besteht ein durch Einschränkung der Nahrungszufuhr oder auch exzessives Sporttreiben selbst herbeigeführtes Untergewicht (De Zwaan und Zeeck, 2016; Treasure et al., 2015; Zipfel et al., 2015). Trotz des Untergewichts wird der Körper als unförmig und dick empfunden (Körperschemastörung). Die Angst, Gewicht zuzunehmen, steht im Vordergrund des mentalen Erlebens. Ein Teil der Patienten leiden zusätzlich unter Essanfällen und zeigen Verhaltensweisen wie selbstinduziertes Erbrechen oder Missbrauch von Abführmitteln (»purging«-Typ der Anorexia nervosa). Bei der Bulimia nervosa kommt es zu Essanfällen (bulimia = »Ochsenhunger«), bei denen die Betroffenen die Kontrolle über ihr Essverhalten verlieren. Aus Furcht vor einer Gewichtszunahme wird zu gegenregulierenden Verhaltensweisen gegriffen, welche am häufigsten in selbstinduziertem Erbrechen bestehen, aber auch zum Missbrauch von Abführmitteln, Schilddrüsenpräparaten und Diuretika, Hungerphasen oder exzessivem Sporttreiben führen können (Herpertz, 2011; WHO, 1993). Die Binge-Eating-Störung ist durch Essanfälle charakterisiert, ohne dass Maßnahmen ergriffen werden, die einer Gewichtszunahme entgegensteuern. Menschen mit einer Binge-Eating-Störung sind in der Regel übergewichtig (De Zwaan und Friederich, 2006).

Essgestörte Patienten haben Schwierigkeiten …

- in der Beziehung zu anderen Menschen (Hartmann, Zeeck und Barrett, 2010)
- im Selbsterleben und mit der Selbstwertregulation (Amianto et al., 2016; Bruch, 1973)
- bei der Affektwahrnehmung und -regulation (Harrison et al., 2010; Harrison, Tchanturia und Treasure, 2010)
- körperliche Empfindungen richtig zu interpretieren bzw. zu bewerten (Skårderud und Fonagy, 2012)

Eine Komorbidität von Essstörungen mit anderen psychischen Erkrankungen ist häufig, vor allem mit Depressionen und Angststörungen (Godart et al., 2007) oder Borderline-Persönlichkeits- und Traumafolgestörung (siehe z. B. Godt, 2008; Zeeck et al., 2007).

Bei Essstörungen sind psychotherapeutische (kognitive-behaviorale, psychodynamische, interpersonelle oder familienbasierte) Behandlungsansätze die Methode der ersten Wahl und führen im Langzeitverlauf bei ungefähr der Hälfte der Patienten mit Anorexia und Bulimia nervosa zu Remissionen (Herpertz-Dahlmann et al., 2015; Herpertz, 2011; Steinhausen und Weber, 2009; Treasure et al., 2015; Zipfel et al., 2015).

Mentalisierung und Essstörungen

Bindungserfahrungen sind von großer Bedeutung für Mentalisieren und seine Beeinträchtigung (▶ Kap. 3.1.1). Bei Essgestörten sind unsichere Bindungsmuster vorherrschend, ohne dass ein Bindungsmuster spezifisch wäre (Gander, Sevecke und Buchheim, 2015; Jewell et al., 2015; Kuipers und Bekker, 2012; O'Shaughnessy und Dallos, 2009; Tasca und Balfour, 2014; Tasca, Ritchie und Balfour, 2011; Zachrisson und Skårderud, 2010).

Eine verbesserte Mentalisierungsfähigkeit kann dazu beitragen, zentrale Problembereiche essgestörter Patienten positiv zu beeinflussen (Skårderud und Fonagy, 2012). Studien zeigten im Akutstadium der Erkrankung eine eingeschränkte reflexive Funktion und ein Vorherrschen prä- bzw. non-mentalistischer Modi (Skårderud und Fonagy, 2012; Zeeck, Flößer und Euler, 2018; Zeeck und Euler, in preparation).

Prämentalistische Modi bei Essstörungen

Teleologischer Modus: Viele Patienten mit einer Essstörung akzeptieren nur das als Realität, was physisch bzw. real beobachtbar ist. So haben sie nur dann das Gefühl, selber Einfluss nehmen zu können, wenn sich auch in der konkreten Realität etwas verändert – z. B. wenn sie Nahrung wieder erbrochen haben. Sie halten damit die Vorstellung von sich selbst aufrecht, dass mentale Vorgänge über den Körper kontrolliert und beeinflusst werden können. Ein Gefühl von Sicherheit, Kontrolle und Selbstbestimmung ist dann gegeben, wenn eine immer möglichst niedrigere Zahl auf der Waage erscheint oder die Nahrung aufs Gramm genau vor jeder Mahlzeit abgewogen wird. Ein Therapeut wird dann als sorgend und verständnisvoll erlebt, wenn er etwas Konkretes tut, z. B. Vorgaben zur Gewichtszunahme reduziert.

Äquivalenzmodus: Essgestörte Patienten sagen nicht: »Ich fühle mich dick«, sondern »Ich bin dick«. Diese Form der Wahrnehmung ist nicht korrigierbar. Die Überzeugung »Wenn ich dieses Joghurt esse, nehme ich ein Kilo zu!« ist ebenfalls vollkommen real und führt zum Verzicht aufs Essen. Alternative Sichtweisen werden in diesem Funktionsmodus nicht toleriert.

Als-ob-Modus: Bei den Schilderungen von Beziehungssituationen, dem Selbsterleben und anderen innerpsychischen Konflikten wirken viele Patienten mit Essstörungen reflektiert bzw. differenziert. Dabei sind Pseudo- und Hypermentalisieren häufig und oftmals an die Erwartungen des Therapeuten angelehnt. Therapien können andauern, ohne dass sich auf der Symptomebene oder im extratherapeutischen Leben eine Besserung zeigt: »Zwischen innerer und äußerer Realität wird keine angemessene mentale Brücke gebildet und Affekte werden nicht von Gedanken begleitet« (Skårderud und Fonagy, 2012, S. 355).

Beeinträchtigtes Mentalisieren des Körpers

Da die Patienten ein desintegriertes Körpergefühl haben und ein »Mentalisieren des Körpers« nicht möglich ist, orientieren sie sich häufig an Konkretem: dem Gewicht, dem Spiegelbild, an Kleidungsgrößen – es findet ein ständiges »body checking« im teleologischen Modus statt. Alternativ wird die Auseinandersetzung mit dem Körper ganz vermieden. Der Körper ist einerseits ein fremdes Objekt (»dysembodied«), dessen Signale nicht richtig interpretiert werden können, oder er wird mit dem Selbst gleichgesetzt (teleologischer-/Äquivalenzmodus, »hyperembodied«) (Skårderud und Fonagy, 2012, S. 360). Hunger, Gewicht und Figur repräsentieren im Sinne einer »körperlichen Konkretisierung der inneren Realität« mentale, nicht-körperliche Phänomene (Skårderud und Fonagy, 2012, S. 353).

Spezifische Aspekte beeinträchtigten Mentalisierens bei Essstörungen

- Teleologischer Modus (Fixierung auf den Körper), Äquivalenzmodus (»über-reale« Wahrnehmung) und Als-ob-Modus (kognitives Hypermentalisieren) kommen bei Essgestörten häufig auch überlappend vor.
- Der Körper wird als »embodied self« zum Träger der mentalen Erlebniswelt, die nicht ausreichend repräsentiert ist.

Spezifische Interventionen für die MBT von Essstörungen (MBT-ED)

In der MBT-ED werden die Zusammenhänge zwischen mentalen Zuständen und dem Körper kontinuierlich fokussiert (»embodied mentalizing«). Eine mentalisierungsfördernde, kollaborative Arbeitsbeziehung ist von besonders großem Stellenwert, da sich Bindungsstörungen im Sinne von Kontroll-, Autonomie- und Anlehnungsbedürfnissen häufig in der therapeutischen Beziehung widerspiegeln (Zeeck und Euler, in preparation). Aufgrund der eingeschränkten Fähigkeit zur Mentalisierung zeigen viele Patienten nur eine vordergründige Motivation (Als-ob-Modus), die Symptomatik zu verändern. Die Patienten möchten gesund werden, aber nicht über den Weg einer Gewichtszunahme oder die Aufgabe der Maßnahmen zur Gewichtsreduktion wie selbstinduziertes Erbrechen. Am Anfang jeder Behandlung steht daher ein gemeinsames Mentalisieren dieses Dilemmas. Es muss zunächst versucht werden, die Welt aus den Augen der Patienten zu sehen und den Zusammenhang zwischen Affekten sowie Selbst- und Beziehungserleben herzustellen. Therapeuten können das Denken und Fühlen (den »state of mind«) ihrer essgestörten Patienten selten nachvollziehbar erleben versuchen mitunter vorschnell, es als verzerrt oder übertrieben zu hinterfragen (Skårderud und Fonagy, 2012). Wenn die therapeutische Beziehung ausreichend sicher ist, werden starre Überzeugungen zunächst durch detailgenaue Exploration (»Was ist vor dem Erbrechen genau passiert?«, »Moment, Stopp, der Stress mit dem Freund … und dann müssen Sie erbrechen, der Ablauf ist mir noch nicht ganz klar. Können wir hier kurz innehalten, bis ich das begriffen habe?«) und schließlich ggf. auch durch herausfordernde Kommentare (»Und? Hat's Kotzen was genützt?«) hinterfragt. Daneben werden besonders Affekte elaboriert und fokussiert (▶ Kap. 5.2). Die Patienten werden zum Ausdruck von Gefühlen ermutigt und geäußerte Emotionen werden empathisch validiert (»Ja, das kann ich wirklich gut nachempfinden, dass Sie diese Situation frustriert hat«). Wenn in der Therapiesituation ein hohes Maß an Anspannung besteht (z. B. nach einer Gewichtszunahme), kann ein kognitiver Fokus auf die realen Abläufe zunächst beruhigend wirken, bevor affektive Empfindungen untersucht werden. Ein bewusstes und positives Körpererleben im Sinne des »embodied mentalizing« wird gefördert, indem einerseits der Realitätscharakter von Körpererfahrungen thematisiert wird und diese gleichzeitig mit emotionalen, kognitiven und interpersonellen Erfahrungen in Verbindung gebracht werden (Skårderud und Fonagy, 2012; Zeeck, Flößer und Euler, 2018). Ausgeprägte Essstörungssymptome werden in der MBT analog selbstverletzenden Verhaltens behandelt (▸ Kap. 7.1.1).

Fallformulierung in der MBT-ED

Die Fallformulierung (▸ Kap. 6 und ▸ Kap. 8.1) enthält für Patienten mit Essstörungen folgende Aspekte (Zeeck, Flößer und Euler, 2018):

- Einschränkungen in der Fähigkeit zu mentalisieren (z. B. konkretistisches Verknüpfen von Gewicht und Selbstwerterleben)
- Mentalisierungsprofil und Bindungs- und Beziehungsmuster (z. B. vermeidend, anlehnend, widersprüchlich)
- Selbsterleben (z. B.: unsicher, ggf. mit hypermentalisierender Orientierung an anderen)
- Umgang mit Emotionen (z. B. Unterdrücken von Gefühlen)
- genaue Beschreibung der Essstörungssymptome und – soweit eruierbar – ihre mentale Bedeutung (z. B. selektive Auswahl an Nahrungsmitteln erhöht das Gefühl von Sicherheit)

Zwei oder drei Therapieziele für den nächsten Behandlungsabschnitt bis zur Evaluation der Fallformulierung werden gemeinsam festgelegt. Mindestens ein Schwerpunkt wird konkret in Bezug auf die Essstörungssymptomatik vereinbart. Die Fallformulierung wird mit den Patienten gemeinsam formuliert, was vor allem zu Therapiebeginn ausgesprochen schwierig sein kann und viel Geduld und eine prozedurale Vorgehensweise erfordert. Skåderud spricht von »Verhandlungen über nicht Verhandelbares« (Skårderud, 2007). Da die Fallformulierung regelmäßig überprüft wird, besteht die Möglichkeit, Therapieziele später entsprechend des Verlaufs zu konkretisieren bzw. anzupassen.

Für die teilstationäre Behandlung von Patienten liegt ein Behandlungsmanual vor (Zeeck, Flößer und Euler, 2018).

Mentalisierungsfördernde Prinzipien in der Psychotherapie der Essstörungen

- In der MBT-ED werden Affekte in Bezug auf interpersonelle Situationen und körperliche Wahrnehmungssignale fokussiert.
- Eine sichere Bindungsbeziehung ist eine essenzielle Grundlage, um Mentalisieren von mit interpersonellen Beziehungen und körperlichen Sensationen verbundenen Affekten zu ermöglichen.
- Besondere Schwierigkeiten entstehen durch die oftmals ausgeprägte kognitive Hypermentalisierung von Selbst und anderen, die situationsadäquat toleriert oder stark gechallenged werden muss.

7.3 Depressionen

Die Depression ist die häufigste psychiatrische Erkrankung. Ihre Lebenszeitprävalenz, also das Risiko, im Lauf des Lebens an einer Depression zu erkranken, liegt bei 16–20 % (AWMF, 2015). Depressionen gehören damit zu den häufigsten Erkrankungen überhaupt, gelten aber weiterhin als gesundheitspolitisch unterschätzt. Sie sind mit hohem Leidensdruck assoziiert, da sie besonders das subjektive Wohlbefinden und das Selbstwertgefühl beeinträchtigen. Rezidive sind häufig, für die sich zudem die Wahrscheinlichkeit nach jeder Erkrankungsepisode deutlich erhöht (Kupfer, 1991). Besonders Suizidalität und die Beeinträchtigung von sozialen Beziehungen sowie der Arbeitsfähigkeit sind für den psychosozialen Verlauf der Erkrankung kritische Faktoren. Der nachfolgende Kasten zeigt eine Übersicht über die deskriptiven Symptome der Depression nach ICD-10.

Symptome der Depression nach ICD-10 (WHO, 1993)
Hauptsymptome

- depressive, gedrückte Stimmung;
- Interessenverlust und Freudlosigkeit;

- Verminderung des Antriebs mit erhöhter Ermüdbarkeit (oft selbst nach kleinen Anstrengungen) und Aktivitätseinschränkung.

Zusatzsymptome

- verminderte Konzentration und Aufmerksamkeit
- vermindertes Selbstwertgefühl und Selbstvertrauen
- Schuldgefühle und Gefühle von Wertlosigkeit
- negative und pessimistische Zukunftsperspektiven
- Suizidgedanken, erfolgte Selbstverletzung oder Suizidhandlungen
- Schlafstörungen
- verminderter Appetit

In der Behandlung werden die Akuttherapie (Wochen bis Monate) zur Linderung des Leidensdrucks mit weitgehender Remission der Symptome, die Erhaltungstherapie zur Rückfallvermeidung (Monate bis > 1 Jahr) und die Rezidivprophylaxe (mehrere Jahre bis lebenslang) unterschieden. In allen Behandlungsphasen wird die Kombination von Psycho- und Pharmakotherapie empfohlen (Schneider, Härter und Schorr, 2017).

Für leichte und mittelschwere Depressionen gilt die Psychotherapie auch als Methode der ersten Wahl (Harter et al., 2010; Schauenburg und Bschor, 2013). Mit einer längerfristigen Psychotherapie kann für in der Akutphase erzielte Behandlungseffekte eine höhere Nachhaltigkeit erreicht werden (AWMF, 2015).

Dabei wird auch für Depressionen die Qualität der therapeutischen Beziehung als zentraler Wirkfaktor angenommen, bei der besonders die vertrauensvolle und emotional tragfähige Beziehung zwischen Patient und Therapeut von Bedeutung ist (ebd.).

Mentalisierung und Depressionen

Chronische oder chronisch rezidivierende Depression weisen mehrere Aspekte auf, die für sogenannte »strukturelle Störungen« (zur Definition siehe Streeck und Leichsenring, 2015) kennzeichnend sind. So sind klinische Störungen der Selbst- und Selbstwertregulation sowie die Gestaltung des Zusammenseins mit anderen beeinträchtigt. Es besteht eine Beeinträchtigung der Mentalisierung und frühe traumatisierende oder vernachlässigende Bindungsbeziehungen treten gehäuft auf. Insofern wurden chronische Depressionen auch schon als Persönlichkeitsstörung konzipiert (Schnell und Herpertz, 2018). Darüber hinaus sind komorbide Persönlichkeitsstörungen bei Depressionen häufig und verändern das phänomenologische Bild und den Schwergrad hin zu einem komplexeren Störungsbild. So zeichnet sich die »Borderline-Depression« durch eine stärkere negative Affektivität und ausgeprägte Gefühle von Leere und Selbstkritik aus (Bateman und Fonagy, 2015, 2016; Staun, 2017). Depressionen bei komorbider narzisstischer Persönlichkeitsstörung wiederum sind häufig mit Suizidalität verbunden (Dammann, 2014). Eine komorbide Borderline-Störung beeinflusst den Verlauf einer Depression in mehrerlei Hinsicht ungünstig. Aufgrund der strukturellen Mentalisierungsdefizite ist die Depression schwieriger zu behandeln und Rückfälle sind häufig (Bateman und Fonagy, 2016; Schultz-Venrath, 2013a). Bei Depressionen ohne Komorbidität gestaltet sich die Wiederherstellung des Mentalisierens einfacher, auf der anderen Seite zeigen sich bei Borderline-Patienten mit komorbider Depression eindrückliche Remissionsraten, sobald es gelungen ist, Mentalisieren zu verbessern (Bateman und Fonagy, 2016). Luyten et al. (2012a) deuten an, dass die strukturiertere und aktivere Vorgehensweise von Therapeuten in der Arbeit mit Borderline-Patienten sich ausgesprochen positiv auf die Psychotherapie der Depression auswirkt. Bateman und Fonagy betrachten MBT durch die interpersonelle Verknüpfung mit dem mentalen Zustand des Patienten als »ideal«, die mit beiden Störungsbildern assoziierten Probleme zu behandeln (Bateman und Fonagy, 2015, 2016, S. 84).

Aus psychodynamischer bzw. bindungstheoretischer Sicht besteht bei depressiven Menschen eine höhere Trennungsempfindlichkeit, so dass eine hohe Abhängigkeit von zentralen Bezugspersonen oder ein Gefühl von Beziehungslosigkeit und Einsamkeit als Risikofaktoren für die Entwicklung einer Depression gelten können. Auch bei später depressiv Erkrankten spielen inkontingente affektive Spiegelungsprozesse zwischen den primären Bindungspersonen eine Rolle (Reck, Backenstrass und Mundt, 2002). Bei inkontingenter, unmarkierter Spiegelung einer depressiv-ängstlich-selbstunsicheren Mutter wird deren Selbstzustand im Kind als fremdes (depressives) Selbst verinnerlicht und erhöht das spätere Risiko, an Depressionen zu erkranken.

Besonders durch den Verlust sozialer Kontaktpersonen, sei es durch Tod, Trennung, Zurückweisung oder anhaltende Konflikte, aber auch den Verlust positiver sozialer Bezugssysteme (z. B. Arbeitsplatzverlust) kann aus einer latenten Depressionsneigung eine akute schwere depressive Erkrankung entstehen, bei der zugrunde liegende Bindungsmuster und der Beziehungskontext für die psychotherapeutische Behandlung dann zentral sein können (Taubner, 2015).

Für depressive Patienten sind Bindungsangst und Bindungsvermeidung mit hyper- bzw. deaktivierten Bindungsmustern charakteristisch (Kirsch, Brockmann und Taubner, 2016; Luyten et al., 2012a). Dabei kann es sich um ein hyperaktiviertes Bindungssystem mit erhöhter Suche nach Sicherheit und gleichzeitig erhöhter Zurückweisungssensitivität oder ein deaktiviertes Bindungssystem mit sozialem Rückzug bzw. auch pseudoautonomer Lebensgestaltung mit Vermeidung affektiver Involviertheit handeln. Für die Ätiologie der Depression ist der Zusammenhang zwischen Bindung, Mentalisierung und Stressregulation dabei von besonderem Stellenwert.

Neurobiologische Studienbefunde haben gezeigt, dass Hirnareale, die für Mentalisierungsfunktionen Relevanz besitzen, bei Depressiven Veränderungen aufweisen. So besteht bei depressiven Patienten ein funktionelles Ungleichgewicht zwischen hyeraktiviertem ventromedialem präfrontalem (»affektivem«) und hypoaktiviertem dorsolateralem präfontalem (»kognitiv-exekutivem«) Kortex (Luyten et al., 2012a). Böcker und Northoff (2010) haben zur Psychodynamik der »Entkoppelung des Selbst« in der Depression neurobiologische Korrelate zeigen können und konzeptuell ausgearbeitet.

Depressive Patienten zeigen eine verringerte reflexive Funktion (RF) (Fischer-Kern et al., 2008). Staun et al. (2010) und Taubner et al. (2011) konnten diesen Befund in ihrer Studie zwar nicht bestätigen, allerdings zeigte ihre depressive Patientengruppe ein ungewöhnlich hohes psychosoziales Funktionsniveau und war stabil genug für eine psychoanalytische Behandlung, so dass sie für eine herkömmliche depressive Patientengruppe als nicht repräsentativ angesehen wird. Eine neuere Studie wiederum zeigt eine deutlich verringerte RF für Patienten mit »major depression«, sowohl in Bezug auf unspezifische wie depressionsspezifische Werte für die RF (Ekeblad, Falkenstrom und Holmqvist, 2016; Staun, 2017). Weiterhin zeigt sich, dass depressive Patienten mit einer niedrigen RF besonders große Schwierigkeiten aufweisen, ein sicheres therapeutisches Arbeitsbündnis zu etablieren (Fischer-Kern und Tmej, 2014; Taubner et al., 2011). Für depressive Patienten ist ein Misslingen der Integration von Kognition und Affekt (Fonagy und Luyten, 2009) ebenso kennzeichnend wie der Fokus auf das Selbst im Rahmen einer spezifisch verzerrten Mentalisierung (▶ Tab. 1) (Taubner et al., 2011).

Sowohl in Bezug auf die Verminderung der RF als auch in Bezug auf neurobiologische Aspekte von Mentalisierungsdefiziten bei depressiven Patienten im Sinne operationalisierter Korrelate der klinisch beobachtbaren Phänomenologie besteht allerdings weiterer Forschungsbedarf. Zusammenfassend lässt sich ableiten, dass die MBT spezifisch zur Behandlung von Depressionen geeignet scheint und einen Mehrwert gegenüber anderen Verfahren aufweisen könnte, wenn die Depression einen mittleren bis höheren Schweregrad aufweist, also genau da, wo die Leitlinien bisher den Stellenwert der Pharmakotherapie betonen, da die klassischen Psychotherapieverfahren weniger erfolgversprechend zu sein scheinen (AWMF, 2015). Gleichzeitig ist die MBT als optimales Verfahren beschrieben worden, medikamentöse Behandlung und Psychotherapie zu integrieren und die Interferenz zwischen Medikation und therapeutischer Beziehung (Küchenhoff, 2010) möglichst positiv zu gestalten bzw. synergistische Effekte besonders zu nutzen (Staun, 2017).

Aus einer klinischen Perspektive ist gemäß Luyten et al. (2012a) und Bateman und Fonagy (2015) das primäre Ziel des Fokus der MBT bei Depressionen die Rückfallprävention, da davon ausgegangen wird, dass eine verbesserte Mentalisierungsfähigkeit das Selbstkonzept und die interpersonellen Beziehungen langfristig stabilisiert und das Risiko, an einem Rezidiv zu erkranken, dadurch verringert.

Prämentalistische Modi bei Depressionen

Teleologischer Modus: Hierzu zählen körperliche oder biologische Faktoren, die manche Patienten zur objektiven »Beweisführung« ihrer Depression hieranführen. Insbesondere bei Depressionen mit psychotischen Symptomen kommt der teleologische Modus – häufig auch in Verbindung mit dem Äquivalenzmodus – vor. So kann für Schuld- oder Versündigungsideen eine reale Handlung aus der Vergangenheit wegleitend sein, für die eine Wiedergutmachung auf der Handlungsebene hätte erfolgen müssen, welche ggf. und nun nicht mehr möglich ist (»Hätte ich sie mehr gepflegt, hätte meine Frau den Krebs besiegt«). Auch einem Verarmungswahn kann ein realer Sachverhalt zugrunde gelegt werden. So können die Kosten einer stationären Behandlung als Beweis dafür dienen, dass das eigene Vermögen jetzt aufgebraucht ist und die Familie wegen der Erkrankung des Patienten verarmen wird. Der Patient kann im teleologischen Modus darauf beharren, dass er jetzt dringend die Behandlung abbrechen und/oder zur Bank müsse, um sein Sparbuch einzulösen, damit die Verarmung noch aufhaltbar sei. Insofern ist der teleologische Modus regelhaft auch mit agitierten Formen der Depression verbunden, bei der ein getriebener Aktionismus entsteht, um die mentale Befindlichkeit erträglich zu machen. Auch ein Suizid kann im Sinne einer realen Vernichtung des mit totaler Negativität gleichgesetzten Selbstbildes als teleologischer Bewältigungsversuch dieses unerträglichen Zustands konzeptualisiert werden.

Äquivalenzmodus: Zum Äquivalenzmodus des Depressiven zählen beispielsweise verzerrte Kognitionen, exzessive Selbstvorwürfe und -entwertungen (Schultz-Venrath, 2013a). Beim Depressiven ist der Äquivalenzmodus am häufigsten (Kirsch et al., 2016). Es besteht eine »Überrealität« der Gefühle in dem Sinne, dass keine innere Distanzierung zwischen Selbst und negativen Gefühlen hergestellt werden kann. Der depressive Äquivalenzmodus zeichnet sich also dadurch aus, dass negative Affekte wie Trauer, Schuld, Insuffizienz und Hoffnungslosigkeit vom Depressiven mit dem Selbst gleichgesetzt werden. Gleichzeitig sind diese als etwas nicht vom Selbst unterscheidbar Erlebtes nicht oder nur schwer kommunizierbar. In ausgeprägter Form begegnet uns das klinisch als depressiver Nihilismus, für dessen Beschreibung keine

Begrifflichkeiten mehr abgerufen werden können. Für das therapeutische Gespräch ergeben sich daraus Schwierigkeiten, die zu Gefühlen von Ohnmacht und Hilflosigkeit, aber auch Aggression und Feindseligkeit beim Therapeuten führen können (▶ Kap. 7.3.2).

Als-ob-Modus: In Abgrenzung von, aber auch einhergehend mit dem Äquivalenzmodus kann beim Depressiven eine Abkapselung der innerseelischen Welt von der äußeren Realität bestehen. Dies kann sich in milderer Form als sogenannte Affektisolation zeigen. Hier tritt dann häufig das Phänomen des Pseudomentalisierens auf. Eine kognitiv verzerrte, mit Schuld und Scham verbundene Hypermentalisierung des Selbst in Form eines zwanghaften und andauernden Grübelns entspricht ebenfalls dem Äquivalenzmodus. Diese kann auch das depressive Narrativ vollkommen einnehmen. Durch die damit verbundene depressive Einengung ist der Zugang zu anderen mentalen Inhalten völlig blockiert. Bei depressiven Patienten lässt sich auch beobachten, dass es während der initialen Behandlungsphase zu einem Switch vom Äquivalenz- in den Als-ob-Modus mit Pseudo- und Hypermentalisieren kommt (Bateman und Fonagy, 2016). Die mentale Abschottung des Selbst vom anderen (im Sinne eines depressiven autistischen Rückzugs) kann für Angehörige sehr belastend sein. Schwere Formen des Als-ob-Modus können zum Erliegen der emotionalen Kommunikation zwischen innen und außen bis hin zu einem totalen Mutismus führen, der mit dissoziativen Phänomenen vergleichbar ist.

Spezifische Aspekte beeinträchtigten Mentalisierens bei Depressionen

- Depressive Patienten sind häufig im Äquivalenzmodus, in dem sie die eigene Insuffizienz, Trauer, Überforderung, Schuld, Leere, Hoffnungslosigkeit oder Scham als überreal erleben.
- Auch die Abkapselung von der sozialen Welt (Als-ob-Modus) oder eine physische Substitution von Mentalem (teleologischer Modus) kommen vor.

Spezifische Interventionen für die MBT von Depressionen

Da die Depression im Mentalisierungsmodell als Bedrohung einer sicheren interpersonellen Einbettung und damit als Bedrohung des Selbst verstanden wird, ist als primäre therapeutische Maßnahme ein sicherer Bindungsrahmen erforderlich. Auf Bedürfnisse nach Anklammerung und Sicherheit von Patienten mit einer akuten Depression wird kontingent mit empathischem Validieren und Containing reagiert. Bei schwer und »somatisch« depressiven Patienten, die kaum sprechen können, kann dies besonders schwierig sein. Der Therapeut vermittelt durch ostensive Gesten (▶ Kap. 3.4 und ▶ Kap. 9) aktiv Halt (»holding«) und drückt durch nonverbale und verbale Interventionen seine mentale (Mit-)Betroffenheit aus. Er dient damit als spiegelndes Gegenüber übergangsweise als Modell dafür, dass Mentales nicht nur physisch abgebildet wird, sondern »liefert« die affektive Resonanz für den Patienten im Außen (Luyten et al., 2012a). Ein Therapeut, der einem depressiven, schweigenden Patienten abwartend gegenübersitzt, würde aus Sicht der MBT zwar kontingent, aber unmarkiert spiegeln und damit die Bindungsunsicherheit und Haltlosigkeit des Patienten weiter verstärken. Bei entsprechender Disposition kann es durch die Re-Introjektion der Zurückweisung von existenziellen Grundbedürfnissen zu einer Retraumatisierung mit weiterer struktureller Desintegration kommen. Ein Therapeut, der den bei sich entstehenden ohnmächtigen Ärger als Korrelat der unterdrückten Aggression des Patienten in der Gegenübertragung versteht und entsprechend deutet, würde aus Sicht der MBT mit dieser inkontingenten und ggf. unmarkierten Spiegelung einen schweren Behandlungsfehler begehen.

Die für die MBT charakteristische, nicht-wissende und kollaborative Untersuchung mentaler und insbesondere affektiver Aspekte im interpersonellen Bereich gilt auch bei Depressionen. Der Therapeut ist aktiv und präsent und die Arbeit fokussiert auf das Hier und Jetzt.

Schultz-Venrath (2013a) schlägt in Anlehnung an Luyten et al. (2012a) zwei Foki für die MBT der Depression vor:

- interpersoneller Fokus zur Verbesserung der Selbstsicherheit
- Arbeit an der Integration psychischer Repräsentanzen zur Identitätsentwicklung

Je nach Ausprägungsgrad des Mentalisierungsdefizits stehen supportive Interventionen mit Vermittlung von Hoffnung und Strukturierung, beispielsweise durch psychoedukatorische Elemente (Bateman und Fonagy, 2016; Luyten et al., 2012a), im Vordergrund. Konfrontativere (»challenging«) Elemente werden bei anders nicht modifizierbaren nihilistischen Zuständen ebenfalls vorgeschlagen (Schultz-Venrath, 2013a), sind aber in Bezug auf ihr Risikopotential sorgfältig abzuwägen. Daneben werden interpersonelle Situationen dahingehend untersucht, wie das Bindungs- bzw. Beziehungsmuster des Patienten konstituiert ist. Ansätze, die eine ausgeprägte Reflexions- oder Einsichtsfähigkeit erfordern, sind wie auch Bezüge in biographisch belastende Erinnerungen oder die Deutung von Abwehrmechanismen bei akuten Depressionen kontraindiziert (Bateman und Fonagy, 2016; Luyten et al., 2012a).

Der ersten Therapiephase mit dem primären Ziel, Mentalisieren wiederherzustellen, folgt dann ein stärkerer Fokus auf das Mentalisieren von Selbst und anderen und der Versuch, Verbindungen zwischen Verhalten und mentalem Erleben herzustellen (Luyten et al., 2012a). Der Patient wird hierbei wiederholt ermutigt, Veränderungen zuzulassen und auch außerhalb des Behandlungsrahmens Neues auszuprobieren. Eine verbesserte Mentalisierung fördert nun die Möglichkeiten zur Stressregulation (Kirsch et al., 2016).

In der dritten Behandlungsphase, die erst möglich wird, wenn Mentalisieren wieder hergestellt ist, wird weniger strukturiert und fokussiert vorgegangen, sondern offener an den Themen Identität, Verlusterleben und Autonomie gearbeitet sowie der Therapieprozess dahingehend untersucht, was hilfreiche Entwicklungen waren und wie diese für die Zukunft nutzbar gemacht werden können (Kirsch et al., 2016). Sobald Mentalisieren in dieser Therapiephase bedroht ist oder erneut zusammenbricht, erfolgen wiederum basalere Interventionen zu dessen Wiederherstellung (▶ Abb. 2). Ein solcher Behandlungsablauf kann durchaus auch im Rahmen einer Kurzzeitpsychotherapie durchgeführt werden. Bei komorbiden Persönlichkeitsstörungen oder -akzentuierungen sind wiederum häufig längere Behandlungsverläufe nötig, um nachhaltige Effekte zu erzielen. Dabei spielen oftmals prominente unsichere Bindungsmuster eine Rolle, die die Gestaltung der therapeutischen Beziehung ebenso erschweren wie die Bearbeitung von Affekten im interpersonellen Geschehen.

Begleitend sollte zu jedem Zeitpunkt der Therapie eine adjuvante Pharmakotherapie gemäß den entsprechenden Leitlinien erfolgen. Diese wird kollaborativ vereinbart und sollte weder idealisiert noch bagatellisiert werden. Gemäß Staun (2017) bildet die MBT optimale Voraussetzungen für einen synergistischen Effekt von Psycho- und Pharmakotherapie.

Mentalisierungsfördernde Prinzipien in der Psychotherapie von Depressionen

- Primäres Ziel ist die Verstärkung der Resilienz und die Rückfallprophylaxe durch die psychotherapeutische Arbeit am Selbst und dem Selbstwert.
- Als zentraler Mechanismus wird hierfür die Verbesserung der Mentalisierungsfähigkeit angesehen.
- Patienten mit schweren Depressionen in prämentalistischen Modi, etwa agitiert-selbstkritischer Verzweiflung im Äquivalenzmodus oder nihilistisch-mutistischer Hemmung im Als-ob-Modus, werden zunächst rein supportiv mit empathischer Validierung durch einen aktiv kontingent-markiert spiegelnden und strukturierenden Therapeuten behandelt.
- In späteren Behandlungsphasen erfolgt ein verstärkter Fokus auf Affekte von Selbst und anderen mit einem interpersonellen Bezug im Hier und Jetzt.
- Bei Patienten mit komorbider Persönlichkeitsstörung sind in der Regel längere Behandlungszeiträume nötig, da eine verstärkte Arbeit an struktureller Mentalisierungsfähigkeit und Bindungsrepräsentanzen nötig ist.

7.4 MBT bei anderen Störungsbildern

Es gibt konzeptuelle Ausarbeitungen zur Behandlung weiterer Störungsbilder mit der MBT, die jedoch weniger elaboriert und erforscht sind und daher hier nur kurz umrissen werden. Neben der Ausarbeitung der MBT für die Borderline- und die antisoziale Persönlichkeitsstörung gibt es inzwischen auch Ansätze für die Behandlung der narzisstischen und (ängstlich-)vermeidenden Persönlichkeitsstörung) (Simonsen und Euler, 2019; Stalujanis und Euler, 2019). Insbesondere der vulnerable Narzissmus ist mit ähnlichen psychopathologischen Merkmalen wie die Borderline-Persönlichkeitsstörung assoziiert (Euler et al., 2018b) und zeichnet sich neben einem negativen Selbstwertgefühl durch eine hohe Bindungsangst aus (Neumann 2010). Die MBT fokussiert auf die spezifische Mentalisierungsproblematik von narzisstischen Patienten, bei der Defizite in der affektiven, weniger jedoch der kognitiven Mentalisierung bestehen (Ritter et al., 2011), die auch neurobiologisch nachweisbar ist (Schulze et al., 2013). Auf der Selbst-andere-Dimension sind die Patienten auf ihre eigenen mentalen Zustände fokussiert. Davon ausgehend steuern sie, was andere für sie tun können, um einen innerpsychischen Gewinn zu erlangen, können sich aber nicht wirklich in andere hineinversetzen (Bateman und Fonagy, 2013). Mentalisieren ist also selbst- und kognitiv fokussiert (▶ Tab. 1) (Dimaggio et al., 2008).

Für (ängstlich-)vermeidende Patienten wird ein kritischer und distanzierter Bindungsstil angenommen. Das Bemühen, die Wiederholung schmerzhafter interpersoneller Erfahrungen zu vermeiden, ein negatives Selbstbild sowie eine stark ausgeprägte Angst vor Zurückweisung und Ablehnung sind hier ein wesentlicher Faktor für die Anwendung der MBT (Renneberg und Ströhle, 2006; Fiedler, 2011, 2007), um (ängstlich-)vermeidende Patienten in die Lage zu bringen, wieder neue soziale Erfahrungen machen zu können (Wälte, 2003).

Auch für die Entwicklung somatoformer Störungen und anderer Somatisierungsstörungen sind frühe Bindungsstörungen inzwischen als wichtige dispositionale Komponente nachgewiesen, die ihrerseits einen Einfluss auf neurobiologische Prozesse einschließlich der Gen-Expression haben (Hausteiner-Wiehle und Henningsen 2012; Maunder und Hunter 2001). Der Zusammenhang mit unsicheren Bindungsmustern, Stresserleben und Mentalisierungsversagen bei psychosomatischen Erkrankungen wurde von Luyten et al. (2012c) beschrieben. Um mit Stress zurechtzukommen, setzen Patienten sekundäre Bindungsstrategien ein (Hyper- oder Hypoaktivierung des Bindungssystems), die mit einem spezifischen Mentalisierungsversagen (»embodied mentalizing« ▶ Kap. 7.2.1) einhergehen. Somatisierung bzw. die Aufmerksamkeitsfokussierung auf den Körper als greif- und beobachtbares externales Korrelat mentaler Prozesse kann auch als teleologischer Modus konzipiert werden. Die Konezeptualisierung spezifischer Interventionen steht erst am Anfang. In der deutschsprachigen Literatur widmet Schultz-Venrath (2013b) den somatoformen Störungen in seinem Lehrbuch ein eigenes Kapitel. Aufgrund der speziellen Stellung der Psychosomatik als eigene Fachdisziplin in Deutschland sind im deutschen Sprachraum für die Zukunft weitere spezifische Entwicklungen der MBT für somatoforme Störungen zu erwarten. Dabei kann auf die vorliegenden Ausarbeitungen für Essstörungen aufgebaut werden (▶ Kap. 7.2) (Zeeck, Flößer und Euler, 2018; Zeeck und Euler, in preparation).

Auch für Angststörungen, die oftmals mit einem abhängigen Bindungsmuster verbunden sind, kann die MBT als wirksames Verfahren angenommen werden (Schultz-Venrath, 2013a). Ätiologisch spielt die mangelnde Regulation negativer Affekte durch Bezugspersonen in der biographischen Entwicklung eine herausragende Rolle, die sich in einem häufig ambivalent besetzten dependenten Beziehungsmuster später z. B. als Panikstörung mit interpersonellen Auslösern für Panikattacken manifestiert (Taubner, 2015). Somatische Äquivalente der Angst wie Herzrasen, Zittern, Schweißausbrüche und Atemnot können als teleologischer Ausdruck mentaler Bedrohung verstanden werden. Während der Angstattacken bricht das Mentalisieren zusammen und kann sich als Teufelskreis zwischen Verstärkung der somatischen Sensationen und Todesangst manifestieren. Die Hypersensitivität angstgestörter Patienten für somatische Aspekte zeigt sich phänomenologisch ähnlich wie bei den Somatisierungsstörungen und entspricht einer Verzerrung hin zum externalen Pol einer verzerrten Selbstmentalisierung (▶ Tab. 1). Patienten mit Angststörungen weisen sehr unterschiedliche psychosoziale

Funktions- und Strukturniveaus auf. Komorbiditäten mit Persönlichkeitsstörungen sind häufig (Walter et al., 2016). Damit einhergehen könnten eine unterschiedlich starke Beeinträchtigung von state- oder trait-Merkmalen der Mentalisierung mit entsprechenden Konsequenzen für die Intensität einer psychotherapeutischen Behandlung (▶ Kap. 7.3.2). Interventionell erforderlich bei Angststörungen sind hartnäckige Exploration und Klarifikation und gelgentlich stärkere Challenging-Interventionen bei Angstpatienten im Als-ob-Modus (»Die Angst kam plötzlich einfach aus dem Nichts«).

Erste Ausarbeitungen liegen auch für psychotische und autistische, insbesondere auch für Gruppentherapien mit Fokus auf sozialen Kognitionen und psychosozialem Funktionsniveau in Anlehnung an die Theory-of-Mind-Forschung vor (Baron-Cohen, 1997; Sachs und Felsberger, 2013; Bateman und Fonagy, 2019; Debanne und Brent, in press).

8 Settings

Das Standardverfahren der MBT ist heute die intensive ambulante Behandlung (intensive outpatient program, IOP) (Bateman und Fonagy, 2016), jedoch ist MBT auch für institutionelle Behandlungen, insbesondere interdisziplinäre multimodale Settings, bestens geeignet (Euler 2014). Die MBT wurde ursprünglich in einer psychotherapeutischen Tagesklinik entwickelt und ihre Wirksamkeit auch im Langzeitverlauf nachgewiesen (Bateman und Fonagy 2004). Konzeptionelle Ausarbeitungen für ihre stationäre und teilstationäre Anwendung liegen vor (Bateman und Fonagy, 2019; Bales und Bateman, 2012). MBT wird im deutschsprachigen Raum in mehreren Behandlungszentren erfolgreich als stationäre und teilstationäre psychotherapeutische Behandlung angewendet (Barzynski et al., 2013; Bolm, 2015; Euler, 2014; Schultz-Venrath und Felsberger, 2016; Busmann et al., 2019). Auch in der psychiatrischen Akut- und Regelversorgung wurde die MBT als teamgestütztes Behandlungskonzept bereits etabliert, so z. B. in der Psychiatrischen Abteilung des Sozialmedizinischen Zentrums Wien.

8.1 Intensive ambulante Therapie

Die ambulante MBT als Standardverfahren (IOP) (Bateman und Fonagy, 2016) folgt einem klar strukturierten Ablauf. Die Einleitung der Therapie erfolgt über mehrere Gespräche mit Diagnosestellung und -besprechung, Fallformulierung bzw. Behandlungsplan, Erarbeitung eines

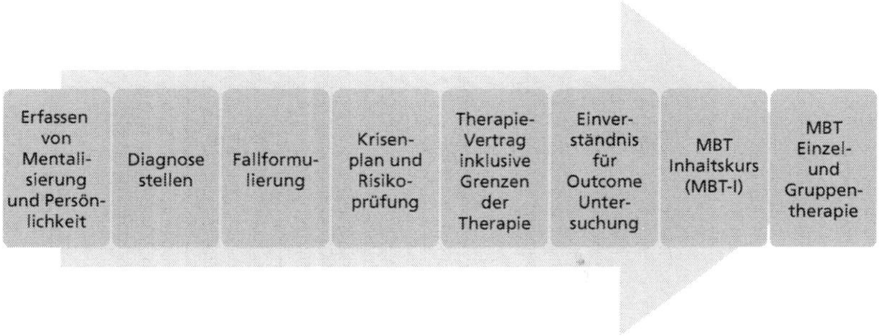

Erfassen von Mentalisierung und Persönlichkeit
Diagnose stellen
Fallformulierung
Krisenplan und Risikoprüfung
Therapie-Vertrag inklusive Grenzen der Therapie
Einverständnis für Outcome Untersuchung
MBT Inhaltskurs (MBT-I)
MBT Einzel- und Gruppentherapie

Abb. 5: Ablauf der MBT (modifiziert nach Bateman und Fonagy, 2016. Mit freundlicher Genehmigung von Oxford University Press.)

Krisenplans und einer Therapievereinbarung. Anschließend erfolgt über 8–12 Wochen eine strukturierte Psychoedukation im Gruppensetting (MBT-Introductory, MBT-I, ► Kap. 8.2.1). Erst anschließend beginnt die auf 18 Monate ausgerichtete ambulante Behandlung mit einer Einzel- und einer Gruppensitzung pro Woche (► Abb. 5). Dabei wird alle 3 bis 6 Monate die Fallformulierung überarbeitet. Supervision erfolgt bei einem anerkannten Kliniker[6] oder Supervisor[7].

Ein zentrales Instrument der IOP ist die Fallformulierung, in der Mentalisierungsprobleme der Patienten mit der Symptomatik in Zusammenhang gebracht und die Therapieziele festgelegt werden (► Kap. 6). Die beiden Gruppenformate der IOP werden im Folgenden ausführlich beschrieben. Auch jede einzel- und gruppentherapeutische Sitzung folgt einem strukturierten Ablauf mit Sicherstellung von Kohärenz der Sitzung und Fokussierung der aktuell im Vordergrund stehenden Problematik (► Abb. 3). Diese strukturellen Aspekte werden in der neuen Adhärenzskala (► Kap. 5.3.1) besonders gewichtet.

6 https://www.bpc.org.uk/MBT (Zugriff am 06.02.2018).

7 http://www.annafreud.org/training-research/mentalization-based-treatment-training/mbt-supervisors/ (Zugriff am 06.02.2018).

8.2 Gruppentherapie

In der MBT gibt es grundsätzlich zwei verschiedene Gruppenformate, die im Hinblick auf die intensive ambulante Behandlung (IOP) für die Borderline- und antisoziale Persönlichkeitsstörung entwickelt wurden, aber auch für andere Störungsbilder und in jedem anderen Kontext – entsprechend der spezifischen institutionellen Gegebenheiten modifiziert – Anwendung finden können.

8.2.1 MBT-Einführungsgruppe (MBT-I)

Für die Psychoedukation gilt das Gruppensetting diagnosespezifisch wie auch transdiagnostisch als bewährtes Format (Euler, 2008; Euler und Rabovsky, 2008; Rentrop, Reicherzer und Bäuml, 2007) Die der MBT vorangestellte Psychoedukationsgruppe (MBT-Introductory, MBT-I) besteht üblicherweise aus 12 Sitzungen mit maximal 10 Patienten, in denen interaktiv vermittelt wird, was Mentalisieren ist und welche Funktion es hat, was Gefühle sind und wie wir sie regulieren. Es geht um die Themen Bindung, Borderline- (bzw. antisoziale) Persönlichkeitsstörung, Depression, Angst und darum, was die Ziele einer mentalisierungsbasierten Therapie sind. Die Sitzungen finden wöchentlich statt und gehen über eineinhalb Stunden. Je nach Bedarf werden auch in der anschließenden regulären MBT-Gruppe psychoedukative Elemente eingebaut bzw. es wird Bezug auf die Inhalte der MBT-I genommen. Für die antisoziale Persönlichkeitsstörung erfolgt die MBT-I in modifizierter Form mit einem Fokus auf Basisemotionen und spezifische Aspekte der ASPD (Bateman und Fonagy, 2016). Für die MBT-I bei Essstörungen wurde die Sitzungsanzahl verkürzt oder die Inhalte wurden so verändert, dass auch essstörungsspezifische Themen vorkommen (Robinson et al., 2014; Skårderud und Fonagy, 2012; Zeeck, Flößer und Euler, 2018).

Sitzungsinhalte der MBT-I

- Sitzung 1: Was ist Mentalisierung?
- Sitzung 2: Was sind Mentalisierungsprobleme?

- Sitzung 3: Warum haben wir Gefühle und was sind die Basistypen?
- Sitzung 4: Wie können wir Gefühle wahrnehmen und regulieren?
- Sitzung 5: Die Bedeutung von Bindungsbeziehungen
- Sitzung 6: Bindung und Mentalisierung
- Sitzung 7: Was ist eine Persönlichkeitsstörung? Was ist Borderline?
- Sitzung 8 und 9: Was ist Mentalisierungsbasierte Therapie?
- Sitzung 10: Angst, Bindung und Mentalisierung
- Sitzung 11: Depression, Bindung und Mentalisierung
- Sitzung 12: Zusammenfassung und Schlussfolgerung

Die MBT-I dient neben ihrer psychoedukatorisch inhaltlichen Funktion auch dazu, Patienten mit dem Behandlungssetting Gruppe vertraut zu machen und sie für die Behandlung zu motivieren. Der Gruppenleiter versteht sich weniger als Experte denn als Repräsentant einer einigermaßen schlüssigen Theorie zu Psychopathologie, Mentalisierung und den Behandlungsmöglichkeiten mit der MBT. Er zeigt sich in der Leitung der Gruppe stets offen dafür, sein professionelles Wissen durch Erfahrungen der Patienten zu modifiizieren und die Inhalte der Gruppe zu erweitern bzw. flexibel zu gestalten. Die Gruppe enthält theoretische und übende Anteile. Dabei wird je nach dynamischer Mentalisierungkapazität in der Gruppe eher allgemein oder personalisiert vorgegangen. Besonders wichtig ist, im Verlauf der MBT-I nachvollziehbar zu vermitteln, dass es in der anschließenden MBT-G nicht um das gegenseitige Erteilen von Ratschlägen (»advice-free zone«, Bateman und Fonagy, 2016, S. 345) oder die Förderung von kognitiven Einsichten geht, sondern das interpersonelle Mentalisieren im Vordergrund steht (Karterud und Bateman, 2012). Die Patienten bekommen Handouts sowie Hausaufgaben, deren Erledigung freiwillig als Angebot zur weiteren Vertiefung gedacht ist. Eine ausführliche Darstellung der Inhalte der einzelnen Sitzungen findet sich bei Bateman und Fonagy (2016). Die Handouts für die einzelnen Sitzungen finden sich bei Taubner et al. (in press).[8]

8 Englische Versionen finden sich zum Herunterladen unter http://www.annafreud.org/training-research/mentalization-based-treatment-training/mbt-i-leaflets/ (Zugriff am 06.02.2018).

8.2.2 Gruppentherapie (MBT-G)

Die Gruppe ist in der MBT von zentraler Bedeutung und war in ihrer Konzeptualisierung von Beginn an angelegt (Bateman und Fonagy, 1999). In der IOP ist die therapeutische Gruppentherapie (MBT-Group, MBT-G) ein der Einzeltherapie äquivalenter Bestandteil der Therapie und findet wie diese in der Regel einmal wöchentlich statt. Dabei kann die Gruppe vom gleichen (»combined«) oder einem anderen (»conjoint«) Therapeuten als die begleitende Einzeltherapie durchgeführt werden. Empfehlenswert ist die Durchführung der therapeutischen Gruppe mit zwei Therapeuten, insbesondere bei schweren strukturellen Störungen und komplexen Erkrankungen mit Komorbiditäten. Die Gruppenleiter treten dann als Modell für konstruktive interpersonelle Mentalisierungsprozesse auch miteinander in Dialog und können sich gegenseitig durchaus auch selbstironisch challengen (»Denkst du, deine Fragen interessieren hier jemanden außer dir?«, »Oh, oh, jetzt kommt wieder eine schlaue Idee ...«) (Bateman und Fonagy, 2016). In jeder Sitzung erfolgt nach einer Zusammenfassung der letzten Gruppensitzung durch den/die Gruppenleiter eine Eingangsrunde zur Sammlung möglicher einzubringender Themen. Anschließend erfolgt eine Fokussierung auf einen oder ggf. auch mehrere Teilnehmer, deren Narrativ in einer gemeinsamen schrittweisen Mentalisierungsarbeit bearbeitet wird. Wichtig ist, dass der Therapeut oder die Therapeuten den Ablauf hier sicherstellen, also z. B. nicht während der Eingangsrunde bereits zu sehr in ein Thema einsteigen. Neben Klarifizierungsprozessen erfolgt in der MBT-G dann ein zum Teil sehr mikroskopisches Durcharbeiten der mit einem Narrativ verbundenen mentalen Aspekte, insbesondere der Affekte im interpersonellen Kontext, was durch multiple Spiegelungen aus der Gruppe enorm bereichert wird. Der Gruppenleiter übernimmt dabei die Verantwortung für das Aufrechterhalten des Mentalisierens und verlangsamt bzw. stoppt das Geschehen bei Ansatzpunkten für Mentalisierungsarbeit oder bei Mentalisierungsbrüchen (»stop and stand«, »stop and rewind« ▶ Kap. 5.2). Die Thematik wird von einem Teilnehmer aus entwickelt, jedoch steht die interpersonelle prozedurale Bearbeitung unter Einbeziehung der gesamten Gruppe im Vordergrund der Therapie. Für die Messung der Adhärenz der MBT-G wurde eine eigene Adhärenz- und Qualitäts-Ratingskala (MBT-G-AQS, Karterud, 2015) entwickelt. In der neuen Adhärenzskala finden das Rating von Gruppe und Einzeltherapie im Hinblick auf ihre Adhärenz auf einem gemeinsamen Formular statt (Anthony Bateman, persönliche Mitteilung).

Im Gegensatz zur psychodynamischen Gruppentherapie erfolgen keine Deutungen bzw. keine Interpretationen bezüglich der Gruppe als Ganzes (Euler und Schultz-Venrath, 2014b; Karterud und Bateman, 2012). Im Unterschied zu den meisten verhaltenstherapeutischen Gruppen wiederum folgt der Gruppenprozess keinem ggf. modular vorgegebenen inhaltlichen Fokus, sondern wird als dynamischer Prozess betrachtet, bei dem das alleinige Ziel ist, im interpersonellen Kontext zu mentalisieren. Die therapeutische Gruppe bietet ideale Bedingungen für multiples Feedback des mentalen Erlebens ihrer Teilnehmer (im Sinne der markierten, kontingenten Spiegelung) sowie für das Spiel mit unterschiedlichen Perspektiven (»playing with reality«). Dadurch können Mentalisierungsprozesse in Ergänzung zur Einzeltherapie im Sinne eines parallelen Übungsfelds (»training ground«, Bateman und Fonagy, 2016, S. 339; Karterud, 2015, S. 44) optimal gefördert werden. Die Gruppe ist das beste Format, um das Spiel mit verschiedenen Perspektiven und Sichtweisen zu ermöglichen.

Andererseits werden im Gruppenkontext unsichere Bindungsmuster besonders stark aktiviert, so dass im Gruppensetting besonders das Abgleiten in prämentalistische Modi droht. Die Gefahr, dass sich daraus eine unproduktive oder sogar destruktive Gruppendynamik entwickelt, ist bei Patienten mit strukturellen Störungen besonders groß, wird aber auch in anderen Gruppen von Therapeuten häufig unterschätzt (Schultz-Venrath und Felsberger, 2016). Dabei kann es zu einem kollektiven Äquivalenzmodus mit einem hohen Spannungsniveau oder einer oberflächlichen Anpassung an die Gruppennormen im Als-ob-Modus kommen. Das erfordert einen aktiven, mentalisierungsfördernden Leitungsstil des oder der Gruppenleiter, die in diesem Zusammenhang auch als »Manager« (Bateman und Fonagy, 2016, S. 338) der Gruppe bezeichnet werden. Sie fördern die Interaktion der Teilnehmer als »ego-training in action« (Karterud und Bateman, 2012), indem sie gleichzeitig Mitspieler sind und die Gruppe von einer »Plattform des Nichtwissens« aus leiten

(Bateman und Fonagy, 2016). Die Patienten sollen sich interpersonell und als Selbst bedeutsam (als »accountable agent«, Karterud, 2015, S. 59) erleben. Die Aufgabe des Gruppenleiters ist hier zunächst, ein basales Sicherheitsgefühl zu vermitteln. Er stellt eine Autorität dar, ohne autoritär zu sein (Bateman und Fonagy, 2016). Er steuert den Gruppenprozess stärker, als dass er dem Flow der Gruppe folgt. Humor, Selbstironie und eine transparente Darstellung eigener mentaler Prozesse (Therapeut als »resonating mind«) haben einen besonders hohen Stellenwert im Sinne einer ständigen Entängstigung der Gruppenmitglieder, um den Prozess der Erforschung mentaler Prozesse auf der Grundlage eines basalen Sicherheitsgefühls zu fördern. Äquivalenzmodus und Pseudomentalisieren sollen kritisch hinterfragt und es sollte immer wieder versucht werden, bei interpersonellen Ereignissen einen Affektfokus im Hier und Jetzt beizubehalten. Kritische Ereignisse oder Symptomexazerbationen wie selbstverletzendes Verhalten, Ess-Brech-Anfälle oder interpersonelle Konflikteskalationen sollen in der Gruppe thematisiert werden. Es erfolgt eine gemeinsame Exploration und Klarifikation des Ereignisses, der möglichen Gefühle des Patienten in der Situation (Affektelaboration), der Gefühle beim Thematisieren in der Gruppe (Affektfokus) und der affektiven Auswirkungen auf die anderen Gruppenmitglieder (Affektfokus und interpersonelle Situation) und auf die Beziehungsdynamik untereinander (Mentalisieren der Beziehung). Dadurch erfolgt ein dynamisches Spiel zwischen aktuellen extra-gruppalen interpersonellen Ereignissen (im »Dort und Dann«) und intra-gruppalen interpersonellen Ereignissen (im »Hier und Jetzt«). Durch den Gruppenprozess wird wie in Kapitel 5.1 beschrieben aus der »story« des Patienten ein kohärentes Narrativ entwickelt, auf dessen Grundlage die »mental states« des Patienten und der Mitpatienten herausgearbeitet werden. Schließlich wird implizit interpersonelles Geschehen (zwischen den Patienten) explizit gemacht (Bateman und Fonagy, 2016). Das bedeutet ausdrücklich nicht, dass der Therapeut die Gruppe mit der Frage konfrontiert, worum es »eigentlich« geht (Bolm, 2009). Das Herstellen, Aufrechterhalten und Reetablieren des interpersonellen Mentalisierens ist das Ziel der Gruppe. Jenseits davon gibt es kein höherwertiges Stadium, auf das der Therapeut bzw. die Gruppe hinarbeitet (Euler, in press; Karterud, 2015).

Grundsätzlich werden also alle Interventionen der MBT (▶ Kap. 5) auch in der MBT-G eingesetzt. Darüber hinausgehend sind für die Gruppe spezifische Interventionen ausgearbeitet worden. So sorgt der Therapeut aktiv dafür, dass seine Beziehung zu den Patienten und die Beziehung der Patienten untereinander aufrechterhalten wird (»connecting«). Passive, zurückgezogene Gruppenmitglieder werden wohlwollend zur Teilnahme ermutigt (»recruiting«). Das aktive Steuern des Spannungsniveaus bzw. des Angstlevels durch den/die Gruppenleiter erfolgt in der Gruppe in spannungsreichen Situationen zwischen Teilnehmern z. B. durch das Befragen anderer, aktuell nicht betroffener Gruppenteilnehmer (»triangulation«). Gruppenthemen, die potentiell zum Zusammenbruch des Mentalisierens führen, werden ggf. beiseitegestellt (»parking«) und später wieder aufgegriffen. Von Patienten, die in der Gruppe sehr unter Druck oder in eine Außenseiterposition geraten, übernimmt der oder einer der beiden Gruppenleiter zeitweise die Perspektive (»siding«).

Übersicht über spezifische Gruppeninterventionen MBT-G

- *Connecting:* Der Leiter sorgt aktiv dafür, dass seine Beziehung zu den Patienten und die Bezogenheit der Patienten untereinander aufrechterhalten bzw. besonders gefördert wird.
- *Recruiting:* Passive, zurückgezogene, schweigende Gruppenmitglieder werden wohlwollend zur Teilnahme ermutigt.
- *Triangulation:* Ausgewählte Gruppenteilnehmer werden aktiv zu einer bedeutsamen Interaktion zwischen anderen in der Gruppe befragt – in Bezug auf das eigene mentale Erleben (Fokus auf Selbst) und das mentale Erleben der Protagonisten (Fokus auf andere; vgl. auch zirkuläres Fragen in der systemischen Therapie).
- *Parking:* Ein Thema, welches einen Gruppenteilnehmer affektiv aus dem Gleichgewicht zu bringen scheint, wird durch den Gruppenleiter aktiv zurückgestellt und die Aufmerksamkeit wird auf ein (potentiell) weniger bedrohliches Thema gelenkt. Der Fokus auf das affektive Erleben des Patienten während der Schilderung wird im Verlauf der Sitzung wieder aufgegriffen.

- *Siding:* Der Gruppenleiter stärkt die Position eines unter Druck der anderen Gruppenmitglieder stehenden Patienten, indem er aktiv dessen Perspektive übernimmt. Der zweite Gruppenleiter kann ggf. die Gegenposition einnehmen.

Beispiel Trianglation/Recruiting

In einer Gruppensitzung greift eine Patientin eine andere massiv an. Diese reagiert nicht minder heftig, so dass beide beginnen, sich lautstark zu beschimpfen. Eine dritte Patientin ergreift Partei für die Angegriffene und versucht, sie durch noch lauteres Schreien zu übertönen. Die Co-Therapeutin ruft laut »Stopp. Schluss. Ruhe!« In der eintretenden Stille sagt der Therapeut: »Ich glaube, es wäre gut, wir würden hier kurz innehalten und einmal diejenigen fragen, die im Moment an der Auseinandersetzung nicht beteiligt sind, was sie beobachtet haben. Wer fühlt sich denn bereit, wie ein Zuschauer zu sagen, was er wahrgenommen hat?« Anstatt die Frage offen zu stellen, bietet sich meist an, konkret einen einzelnen anzusprechen und dazu einzuladen, etwa in diesem Sinne: »Frau B., ich fände es wunderbar, wenn Sie uns Ihre Beobachtung der Situation zur Verfügung stellen würden. Mögen Sie?«

Im klassischen, manualgetreuen Setting der MBT (intensive outpatient program, IOP), wie sie in London praktiziert wird, ist die MBT-G wie auch die parallel laufende Einzeltherapie auf 18 Monate begrenzt. Die meisten daran angelehnten institutionellen ambulanten Angebote folgen diesem Modell. Je nach regional länderspezifischen oder institutionellen Gegebenheiten sind aber auch andere ambulante Settings denkbar, z. B. wird das Behandlungsprogramm in Oslo (Karterud, 2015) bis zu 3 Jahren durchgeführt. Im deutschsprachigen Raum ist – auch aufgrund der hohen Dichte an psychosomatischen Kliniken und Tageskliniken – die Anwendung der Gruppentherapie weiter verbreitet als in anderen Ländern. In den letzten Jahren haben sich hier über die MBT für Persönlichkeitsstörungen hinausgehende Konzepte für die Mentalisierungsförderung in ganz unterschiedlichen Gruppentherapien und -settings entwickelt (Schultz-Venrath und Felsberger, 2016).

Die Endphase des gruppentherapeutischen Prozesses des einzelnen Patienten richtet sich wiederum nach dem Setting der Gruppe (stationär, teilstationär, ambulant). Im klassischen IOP-Setting stehen Einzel- und Gruppentherapeut – sofern beides nicht durch den gleichen Therapeuten durchgeführt wird – in regelmäßigem Austausch über den Therapieverlauf und die Aktualisierung der Fallformulierung. In diesem Zusammenhang wird der bevorstehende Therapieabschluss von beiden Therapeuten aktiv thematisiert, so dass auch der Abschied aus der Gruppe explizit zum Teil der Fallformulierung werden kann. In der Gruppe wird der Therapeut darauf achten, dass der Abschied eines Gruppenmitglieds rechtzeitig antizipiert wird. In anderen, beispielsweise institutionellen Settings (stationäre oder teilstationäre Gruppentherapie) wird der Aus- und Eintritt von Gruppenmitgliedern durch den höheren Turnover regelmäßig thematisiert, so dass die Gruppe daran grundsätzlich gewöhnt ist. Allerdings wird durch Aus- und Eintritte immer wieder eine unsichere Bindungssituation induziert, die besondere Interventionen der Therapeuten zur Re-Etablierung des epistemischen Vertrauens (▸ Kap. 3.4) erfordert. Auch hier kommt den Leitern der MBT-Gruppe die Aufgabe zu, aktiv zu intervenieren, falls die Gruppe es »verpasst«, den Abschied eines Patienten von sich aus zur rechten Zeit zu thematisieren. Die letzte Gruppensitzung eignet sich dazu, den Abschied des Patienten nochmals explizit wohlwollend und validierend zu gestalten, ggf. sogar mit der Gruppe in gewisser Weise zu zelebrieren. Hier darf die Mentalisierungskapazität des Patienten in der Abschiedssituation nicht überschätzt werden. Diesbezüglich gilt entsprechend darauf zu achten, dass die letzte Gruppensitzung dem Patienten Sicherheit und ein optimistisches Zukunftsbild vermittelt. Das heißt auch, darauf zu achten, dass der Abschied so viel Raum bekommt, wie es dem jeweiligen Patienten bzw. der Gruppe dienlich ist. In kürzeren institutionellen Settings, in denen es schwieriger ist, ein sicheres Bindungsgefühl zur Gruppe (und zum Therapeuten) zu entwickeln, sollte der Anspruch an das Mentalisieren des Abschieds entsprechend nicht zu hoch sein (Euler, in press).

Mögliche Schwierigkeiten, die in der MBT-G auftreten können, betreffen z. B. die vereinbarten Grundsätze (regelmäßige Teilnahme, kein Drogen- oder Alkoholkonsum unmittelbar vor der Gruppe, kein extensiver Kontakt der Gruppenmitglieder zwischen den Gruppensitzungen). Probleme in diesen Bereichen werden im Sinne des Prinzips der MBT durch einen aktiven, jedoch nicht autoritären Therapeuten (s. o.) mentalisierungsfördernd und interaktiv mit der Gruppe in einem gemeinsamen explorativen Prozess untersucht. Gruppen im kollekiven Äquivalenz- oder Als-ob-Modus sind durch einen Therapeuten nicht immer leicht zu bewältigen. Der Therapeut muss hier gelegentlich als einziger die Rolle desjenigen übernehmen, der nichts versteht oder eine alternative Sichtweise vertritt. Zum anderen besteht die Gefahr von Fallstricken auf Seiten des/der Therapeuten. Hierzu zählt typischerweise die zu starke Fokussierung einzelner Patienten (»Einzeltherapie in der Gruppe«) oder die Schwierigkeit, Mentalisieren und Pseudomentalisieren der Gruppe voneinander abzugrenzen und entsprechend zu intervenieren. Auch die Gefahr, Mentalisieren für die Gruppe zu sehr zu übernehmen, anstatt die Gruppe ins Mentalisieren zu führen, ist hier zu nennen. Wenn ein Therapeut selbst verunsichert oder angespannt ist oder sogar Angst vor der Gruppe hat, wird es auf keinen Fall gelingen, die Gruppe zum Mentalisieren zu bringen. Es geht hier dann ganz primär um die Wiederherstellung der eigenen Mentalisierungskapazität, indem der Therapeut sich affektiv reguliert und die Gruppe so leitet, dass er sich zunächst selbst wieder sicher fühlen kann. Hilfreich sind hier auch die Besprechungen der Co-Therapeuten nach der Gruppe, der Austausch mit dem Einzeltherapeuten oder die Supervision von Gruppensitzungen anhand von Videomaterial (Taubner et al., in press).

Prinzipien der Mentalisierungsbasierten Gruppentherapie (MBT-G)

- Die MBT-G wird als dynamischer Prozess betrachtet, bei dem das alleinige Ziel ist, im interpersonellen Kontext zu mentalisieren. Es gibt kein höherwertiges Stadium, auf das der Therapeut hinarbeitet.
- Die therapeutische Gruppe bietet als »ego-training in action« ideale Bedingungen für multiple mentale Spiegelungen und das Spiel mit unterschiedlichen Perspektiven (»playing with reality«).
- Der oder die Gruppenleiter sind aktive »Manager« der Gruppe von einer »Plattform des Nichtwissens« aus. Sie stellen eine Autorität dar, ohne autoritär zu sein.

- Fallstricke in der Gruppenleitung sind eine zu starke Fokussierung auf einzelne Patienten, das Missdeuten von Pseudomentalisieren als Mentalisieren und die Mentalisierungshemmung der Gruppe aus einer eingeschränkten eigenen Mentalisierungskapazität heraus.

In Gruppen steckt ein großes Potential für die Verbesserung des Mentalisierens der einzelenen Patienten, allerdings bergen Gruppen gleichzeitig ein großes Potential für iatrogen schädigende Prozesse für Patienten mit strukturellen Störungen. Das Primat des »minimizing harm« (Fonagy et al., 2015) gilt insofern hier ganz besonders.

MBT-G für antisoziale Persönlichkeitsstörung (MBT-ASPD)

Gruppentherapie (MBT-G) gilt in der MBT-ASPD als primäre Behandlungsform, etwa mit einem 4:1-Verhältnis in der ambulanten Maßnahmebehandlung (Bateman und Fonagy, 2016). Sie erfolgt prinzipiell bei 2 Therapeuten. Regelmäßige Teilnahme wird als Voraussetzung für Veränderung deklariert. Einzeltherapie bei einem der Gruppentherapeuten wird nur angeboten, wenn drei von vier Gruppensitzungen besucht wurden. Die Einzeltherapie dient vor allem der supportiven Nachbearbeitung von Prozessen in der Gruppe (Bateman und Fonagy, 2016). In der Gruppe wird durch die Therapeuten primär eine vertrauensvolle Atmosphäre hergestellt und aufrechterhalten. Verhaltensnormen (z. B. Umgang mit Drohungen) und Prinzipien der Gruppe werden nicht vorgegeben, sondern zur Diskussion angeboten und in einem fortlaufenden gemeinsamen Prozess festgeschrieben. Auch in der MBT-ASPD gilt als Prinzip, dass Ratschläge vermieden werden und der Fokus auf dem Mentalen von Selbst und anderen und deren Interaktion liegt. Nicht-wissende Neugier, wohlwollende Skepsis und respektvolles Missverstehen werden von den Therapeuten als Werte eingeführt und kultiviert. Die Gruppenleiter nehmen ihre Autorität möglichst spielerisch wahr, ohne autoritär aufzutreten. Bei Eskalationen werden nicht die Affekte fokussiert, sondern es erfolgt ein »contrary move« hin zu ungefährlichen, »kognitiveren« Themenfeldern. Nötigenfalls wird ein Teilnehmer durch den Co-Therapeuten kurz nach draußen begleitet und die Situation deeskalierend besprochen, während die Gruppe – sofern ausreichend Mentalisierungskapazität besteht – die Problematik mit dem verbliebenen Therapeuten diskutiert. Bei verbalen Angriffen auf den Therapeuten (z. B. nach einer paranoiden Verarbeitung einer Aussage) erfolgt eine (ggf. kontra-intuitive) Entschuldigung, anstatt dass die eigene Position weiter erläutert wird. Im Einzelgespräch kann eine solche Situation dann aufgegriffen und – losgelöst von der affektiv aufgeladenen Gruppensitzung – weiter diskutiert werden.

MBT-G für Essstörungen (MBT-ED)

In Gruppen mit einem hohen Anteil an anorektischen Patienten können gehäuft lange Schweigephasen vorkommen (Zeeck, 2012). Die Gruppenleiter brauchen hier unter Umständen besonders viel Kreativität, um die Gruppe zur Interaktion anzuregen. Sie können dafür auch in einen interaktiven Dialog (»Und, brauchst du auch mal wieder Urlaub?«) treten, bis jemand von den Patienten einsteigt oder sich daraus eine Frage ergibt, die sie der Gruppe stellen können. Auch der für Anorexie-Patienten typische Vergleich mit anderen auf einer physischen Ebene im Äquivalenz- bzw. teleologischen Modus kann zu schwierigen Gruppensituationen mit interpersonellen Rivalitäten kommen. Diese häufig latente Thematik muss von den Leitern spielerisch aufgegriffen werden (»Wer ist diese Woche am dümmsten … ähhh … dünnsten?«). Sehr enge Bindungen zwischen einzelnen Gruppenmitgliedern können andere zu Außenseitern machen, was Siding erfordert. Die Einzeltherapie ist bei essgestörten Patienten zentral, um kritische Gruppenerfahrungen aufzuarbeiten (Skårderud und Fonagy, 2012; Zeeck, 2012). Therapeuten fühlen sich in der MBT-G für Essstörungen (mit)verantwortlich, dass essspezifische Themen nicht vermieden werden. Grundsätzlich werden Essverhalten und Körpererleben aktiv thematisiert, wenn die Patienten dies nicht von sich aus ansprechen. In der Gruppe erfolgt eine interaktive »Übersetzung« der Essstörungssymptome in innerpsychische Begrifflichkeiten. Das Erleben des Körpers wird mit Verhalten, Beziehungen, Gedanken, Gefühlen sowie weiteren mentalen Korrelaten verbunden (»embodied mentalizing« ▶ Kap. 7.2.1). Im

Gruppensetting können sich mentale Spuren der Einzelnen zu einer wertvollen und reichhaltigen interaktiven Brücke zwischen Körper- und mentalem Erleben konstituieren.

8.3 Stationäre und teilstationäre Behandlung

Die MBT wurde in einer Tagesklinik in London ursprünglich für ein multimodales Behandlungskonzept für Borderline-Patienten entwickelt, nachdem deutlich geworden war, dass das vorbestehende psychodynamische Setting für die Patienten wenig hilfreich und für die Therapeuten kaum zufriedenstellend war (Bateman und Fonagy, 1999).

Patienten mit psychischen Schwierigkeiten, insbesondere mit strukturellen Störungen oder krisenhaften strukturellen Einbrüchen, bei denen eine ambulante Behandlung nicht ausreichend ist, gelangen oft mehr oder weniger (»relativ«) freiwillig in eine stationäre Behandlung. Häufig erfolgt die Behandlung auf Initiative Dritter oder aufgrund der mangelnden Bewerkstelligung des Lebensalltags und nicht selten ohne eine genuine Therapie- beziehungsweise Veränderungsmotivation. Teams im institutionellen Setting sind in der Behandlung von Patienten mit Borderline- oder anderen Persönlichkeitsstörungen, Essstörungen oder Depressionen (▶ Kap. 7) also oftmals mit besonderen Schwierigkeiten konfrontiert, was die Etablierung einer hilfreichen Arbeitsbeziehung bzw. eines stabilen Commitments angeht. Ängste vor oder Ambivalenzen gegenüber therapeutischen Veränderungen sind auch für neurotisch strukturierte Patienten gut ausgearbeitet worden (OPD-2, 2014). 30–60 % institutionell psychiatrisch-psychotherapeutisch behandelter Patienten leiden allerdings an einer primären oder komorbiden Persönlichkeitsstörung (Becker et al., 1999; Fydrich et al., 1996; Loranger et al., 1994). Häufige komorbide Störungen, insbesondere auch Suchtverhalten oder -erkrankungen, potenzieren die Schwierigkeiten, ein stabiles Arbeitsbündnis zu etablieren, da der Konsum psychotroper Substanzen (und zunehmend auch nichtstoffliche Süchte, Walter et al., 2016) als Bewältigungsstrategie mit zusätzlichen Problemen einhergeht, wenngleich stationäre oder teilstationäre Behandlungen bei Komorbiditäten besonders vielversprechend sind (Euler et al., 2015).

Eine große Anzahl psychisch erkrankter Patienten weist ein unsicheres Bindungsmuster auf (Fonagy et al., 1996). Gerade in der stationären Psychotherapie werden durch das Mehrpersonensystem unsichere Bindungsrepräsentanzen andauernd aktiviert, da sozialer Rückzug oder Selektion »sicherer« zwischenmenschlicher Kontakte ausgeschlossen sind. Die dauernde Aktivierung des Bindungssystems mit der Konsequenz prä- bzw. nonmentalistischer Modi wird im Mentalisierungsmodell nun explizit als therapeutische Chance konzeptualisiert. Auf der anderen Seite hängt auch die Mentalisierungsfähigkeit des Behandlungsteams von multiplen – und nur zum Teil mit den Patienten assoziierten – Faktoren ab. Teams in non-mentalistischen Zuständen können nicht nur therapeutisch unwirksam sein, sondern Patienten erheblichen Schaden zufügen. Davon sind wiederum besonders Patienten betroffen, die aufgrund der eigenen strukturellen oder krisen-assoziierten Ich-Schwäche über wenige Schutzmechanismen und ein unsicheres Bindungsmuster verfügen. Die Forschung über Nebenwirkungen von Psychotherapie steht hier erst am Anfang (Hoffmann, Rudolf und Strauß, 2008; Linden und Strauß, 2013). Es ist daher die Aufgabe eines institutionellen Behandlungsteams, im »melting pot« multipler Bindungsbeziehungen die eigene Mentalisierungsfähigkeit kontinuierlich zu monitorisieren und die eigene Haltung auf ihre therapeutische Wirksamkeit zu überprüfen. Während einer institutionellen Behandlung bzw. (teil-)stationären Psychotherapie erfolgt eine hoch verdichtete Kumulation von therapeutischen Interventionen über eine relativ kurze Zeitspanne. Die Therapie kann nur so weit hilfreich und nachhaltig sein, wie die Interventionen – unabhängig davon, ob sie psychodynamischer oder kognitiv-behavioraler Provenienz sind – von den Patienten mentalisiert werden können und dadurch als innere Repräsentanzen auch außerhalb der therapeutischen Situation nutzbar sind. Diese Mentalisierungsarbeit erfordert eine aktive Haltung des therapeutischen Teams und erfolgt nicht als selbstläufiger Prozess der Patienten in den Ruhezeiten zwischen den Therapien. Die Gefahr, dass institutionelle Therapien im Als-ob-Modus stattfinden und Patienten sich durch

Pseudo- und Hypermentalisieren an das konzeptuelle Vorgehen anpassen und damit eine Art therapeutisches falsches oder fremdes Selbst internalisieren, was für das reale Leben bedeutungslos ist, darf nicht unterschätzt werden.

Nicht zuletzt eignet sich die MBT besonders für die institutionelle Psychotherapie, da sie der Gruppentherapie einen besonders hohen Stellenwert einräumt und sie als gleichwertig gegenüber der Einzeltherapie konzeptualisiert. Für kaum ein anderes Verfahren wird die Gruppentherapie so spezifisch elaboriert und in ihrer Bedeutsamkeit für die therapeutische Wirksamkeit des Verfahrens anerkannt. Für antisoziale Patienten gilt sogar im ambulanten Setting ein Quotient von Einzel: Gruppe von 1:4, was störungsübergreifend in der institutionellen Behandlung ausgesprochen gut umsetzbar und zudem ökonomisch sinnvoll ist. Entsprechend werden auch institutionelle MBT-Behandlungen stark an Gruppentherapien ausgerichtet (Bales und Bateman, 2012; Bolm, 2009; Euler, 2014; Schultz-Venrath und Felsberger, 2016).

Für die Integration von Psycho- und Pharmakotherapie (▶ Kap. 7.3.2), eingebettet in eine vertrauensvolle und kollaborativ gestaltete Milieutherapie, als zentrale Bestandteile (teil-)stationärer psychiatrischer und psychosomatischer Behandlungen eignet sich das Mentalisierungskonzept besonders gut.

Je schwerer das Mentalisierungsdefizit aufgrund einer strukturellen Störung oder akuten psychischen Erkrankung, desto mehr erfolgt in der institutionellen MBT eine prozessorientierte Verbesserung der Mentalisierungsfähigkeit als Basis für Integration und Wirksamkeit verschiedener Interventionen im Multipersonensystem. Das Ziel einer verbesserten Mentalisierungsfähigkeit ist nicht zuletzt, Patienten anschließend eine ambulante Weiterbehandlung zu ermöglichen beziehungsweise deren Wirksamkeit zu erhöhen und damit langfristig die psychosoziale Funktionsfähigkeit der Patienten zu verbessern.

Eignung der MBT für institutionelle (stationäre bzw. teilstationäre) Behandlungen

- evolutionäre klinische Entwicklung des Verfahrens in einer multimodal aufgebauten Tagesklinik als schulenübergreifendes, integratives Konzept
- kollaborative, vertrauensfördernde und auf sichere Bindung ausgerichtete Grundhaltung korrespondiert mit widersprüchlichen Anliegen und Ambivalenz vieler Patienten
- multiple und andauernde Aktivierung unsicherer Bindungsmuster im institutionellen Kontext explizit als therapeutische Chance
- interdisziplinärer Ansatz (»Haltung statt Technik«)
- besonderer Stellenwert und spezifische Konzeptualisierung der Gruppentherapie
- manualisiertes, dynamisch hierarchisiertes Vorgehen mit interdisziplinärer Fallformulierung
- besondere Berücksichtigung von potentiell schädlichen Behandlungseinflüssen
- Mentalisieren hat entwicklungsfördernde Auswirkungen in jedem psychosozialen Kontext und hilft dabei, Interventionen wirksamer zu gestalten

Empfehlungen zur Implementierung der MBT in der institutionellen Versorgung

strukturell

- flexible Anpassung an lokale Versorgungsstrukturen und Präferenzen (»MBT-informed«)
- mögliche Kombination mit vorbestehenden Therapieelementen (z. B. andere psychodynamische Ansätze, DBT)
- Einführung einer strukturierten Psychoedukation, in Anlehnung an MBT-I
- Team- und Einzelsupervision bei MBT-Experten (▶ Kap. 11)
- Ausbau der Gruppentherapie

- interdisziplinäre Patientenvorstellung mit Fallformulierung
- Intervisionen mit explizitem Mentalisierungsfokus inkl. Rollenspiel und Videos

inhaltlich

- verstärktes Gewicht auf Etablierung von sicherer Bindung und kollaborativer therapeutischer Beziehung vor allem in der initialen Behandlungsphase (»epistemic trust«)
- neugierige statt »wissende« Haltung
- Monitorisieren von mentalisierungshemmenden und potentiell schädlichen Prozessen
- interaktioneller Prozess des Mentalisierens vor inhaltlichen Interventionen
- Toleranz für (protektive) prämentalistische Modi der Patienten
- Primat der Aufrechterhaltung bzw. Wiederherstellung der Mentalisierungskapazität des Teams (Bewahren einer mentalisierungsfördernden Haltung)

8.4 Andere spezifische Settings der MBT

Spezifische Settings wurden für Adoleszente (Mentalisierungsbasierte Therapie für Adoleszente, MBT-A, Bleiberg, Rossouw und Fonagy, 2012; Kirsch et al., 2016, S. 212–269; Bateman und Fonagy, 2019; Taubner und Volkert, 2017), Familien und Paare (Asen und Fonagy, 2012; Bateman und Fonagy, 2016; Rottländer, 2015), Teams (Bateman und Fonagy, 2016; AMBIT), Institutionen und Management (Döring, 2013), entwickelt und werden im neuen Handbook of Mentalizing (Bateman und Fonagy, 2019) weiter ausdifferenziert.

9 Die therapeutische Beziehung

Es ist verschiedentlich nachgewiesen worden, dass die therapeutische Beziehung einer der zentralen, wenn nicht der wichtigste Wirkfaktor in Psychotherapien ist (Baldwin, Wampold und Imel, 2007; Kazdin, 2007; Laska, Gurman und Wampold, 2014; Roos und Werbart, 2013; Wampold, 2001), seit die Forschung über Wirkmechanismen und die therapeutische Allianz vor etwas über 10 Jahren »als nächster signifikanter Meilenstein in der Psychotherapieforschung« (Clarkin und Levy, 2006) erklärt wurde. Die störungsspezifische Bedeutung der therapeutischen Allianz wurde unter anderem für Essstörungen (Brauhardt, de Zwaan und Hilbert, 2014; Graves et al., 2017; Zaitsoff et al., 2015), Abhängigkeitserkrankungen, Borderline-Persönlichkeitsstörung (Barnicot et al., 2012; Bedics et al., 2015), narzisstische Persönlichkeitsstörung (Ronningstam, 2017; Walter und Bilke-Hentsch, in press) wie auch bipolare (Fisher et al., 2016) und schizophrene (García et al., 2016; Haddad, Brain und Scott, 2014) Erkrankungen gezeigt. Bindungsmuster bzw. die Bindungsbeziehung zwischen Therapeut und Patient und ihre neurobiologischen Korrelate spielen dabei eine wesentliche Rolle (Brunner, 2017; Miller und Moyers, 2015; Strauß, 2012, S. 85–98). Der Fokus auf eine sichere Bindungskonstellation ist einer der primären Veränderungsmechanismen in der MBT.

Die therapeutische Beziehung besteht aus den Faktoren vertrauensvolle Zusammenarbeit und Gemeinsamkeit von Zielen und Aufgaben (Bordin, 1979). Eng angelehnt an eine vertrauensvolle Zusammenarbeit ist das Konzept des epistemischen Vertrauens (▶ Kap. 3.4) inklusive der »ostensive Cues«. Besonders am Anfang der Therapie, aber auch immer wieder wenn epistemisches Misstrauen während einer Behandlung, also in jeder dynamisch bedeutsamen therapeutischen Beziehungssituation droht, achtet der Therapeut besonders darauf, dass das Vertrauen in ihn und in das soziale Lernen wieder hergestellt wird. Die »ostensive cues« im Sinne einer besonderen verbalen und nonverbalen Bezogenheit auf den oder die Patienten gelten als Signale, die das soziale Lernen besonders katalysieren (Fonagy et al., 2015). Umgekehrt blockiert epistemisches Misstrauen den interaktionellen psychotherapeutischen Entwicklungs- und Lernprozess. Mentalisieren öffnet den »epistemischen Super-Highway (Fonagy und Allison, 2014) für soziales Lernen. Über diesen Prozess wird die Fähigkeit, außerhalb der Therapie, neue Lernerfahrungen zu machen, gebahnt, die letztendlich für den therapeutischen Veränderungsprozess ausschlaggebend ist (▶ Kap. 3.4) (Fonagy et al., 2015; Kirsch et al., 2016).

In der MBT werden therapeutische Haltung und die Feinabstimmung der Interaktion als zentraler mentalisierungsfördernder und damit wirksamer Mechanismus angenommen. Auch in anderen Therapien könnte die Wirksamkeit der Behandlung weniger in der inhaltlichen Ausrichtung als in der mentalisierungsfördernden, prozeduralen Gestaltung der therapeutischen Beziehung liegen. Dies ist insbesondere als gemeinsamer Wirkfaktor der evidenzbasierten Behandlungen der Borderline-Persönlichkeitsstörung ausgearbeitet worden (Fonagy und Allison, 2014). Es gilt inzwischen als gesichert, dass andere Therapieverfahren über die positive Wirkung auf die therapeutische Beziehung ihre Wirksamkeit erhöhen, wenn Haltung und Interventionen mentalisierungsfördernd abgestimmt sind (Allen, 2013; Allen, Fonagy und Bateman, 2011). Die Feinabstimmung der therapeutischen Interaktion ermöglicht mit Bezug auf die kontingente, markierte Spiegelung (▶ Kap. 3.1.2), die entwicklungspsychologisch auch als »soziale Bio-Feedback-Theorie« (Gergely und Watson, 1996) bezeichnet wird, für das Kind wie auch für den psychotherapeutischen Patienten durch interaktives Lernen die Repräsentanz und Regulation eigener Selbst-Zustände (Kirsch et al., 2016).

Die psychotherapeutische Begegnung wird in der MBT als interaktive Ko-Konstruktion von Realität verstanden (Euler und Schultz-Venrath, 2014a). Indem der Therapeut andauernd versucht, die Welt aus der Sicht des Patienten zu sehen, wird eine besondere Form von vertrauensvoller Kollaboration etabliert (Fonagy et al., 2015).

Das Geschehen in der therapeutischen Beziehung und die damit verbundenen Affekte werden im Hier und Jetzt thematisiert. Dabei wird sorgfältig darauf geachtet, dass die Arbeitsbeziehung bzw. die Bindungssituation tragfähig genug ist. Die explizite Thematisierung von Affekten innerhalb der therapeutischen Beziehung erfordert eine stabile Bindungssituation, die in vielen therapeutischen Situationen, insbesondere in kritischen Momenten, nicht gegeben ist. Ihre explizite Fokussierung hemmt dann Mentalisieren bzw. führt ggf. sogar zum völligen Zusammenbruch. Spätestens dann ist es die Aufgabe des Therapeuten, alles dafür zu tun, um wieder eine sichere Bindung (und damit epistemisches Vertrauen) zu etablieren, beispielsweise indem er zunächst die Verantwortung für eine spannungsreiche Interaktion übernimmt. Es ist davon auszugehen, dass Therapeuten aus ihrer Perspektive die Bindungssicherheit der therapeutischen Situation häufig überschätzen und nicht ausreichend basal mentalisierungsfördernd intervenieren (Bateman und Fonagy, 2016). Dies ist umso bedeutsamer in Gruppentherapien und Erstgesprächen (Euler, in press).

Beispiel: Kollaborative Haltung und Epistemisches Vertrauen im Erstgespräch (übersetzt aus Bleiberg et al. 2012, S. 502 f.)

T: Willkommen. Ich bin froh, dass du gekommen bist. Soweit ich deine Mutter am Telefon richtig verstanden habe, war es schwierig für dich, hierher zu kommen. Es scheint mir also sehr mutig zu sein, dass du nun da bist.

P: [schweigend Blick nach unten]

T: Wie ist es für dich, jetzt hier zu sein?

P: Es ist unangenehm, mit anderen zu sprechen.

T: Ich verstehe das, vor allem, weil ich immer noch ein Fremder für dich bin. Falls du dich an irgendeinem Punkt, wenn ich etwas sage, unverstanden fühlst, gib mir gleich Bescheid. … Meinst du, du könntest mir ein bisschen über deine Situation erzählen und wie es dazu kam, dass du hierhergekommen bist?

P: Ich hatte Probleme in der Schule … [Schweigen]

T: Das tut mir leid. Was ist denn passiert?

10 Wissenschaftliche Evidenz

Bezüglich der MBT hat sich seit der ersten hochrangigen Publikation (Bateman und Fonagy, 1999) eine rege internationale Forschungstätigkeit entwickelt. Hier werden im Detail nur die Studien aufgeführt, welche die Wirksamkeit der MBT auf höchstem Forschungsniveau belegen.

Zur Wirksamkeit von MBT liegen vier randomisiert-kontrollierte Studien (RCT)[9] für die Borderline-Persönlichkeitsstörung vor, davon eine mit Adoleszenten (Rossouw und Fonagy, 2012). Die MBT ist mit einem Evidenzgrad Ib das Verfahren mit der zweitstärksten Evidenz (Herpertz et al., 2017; Lana und Fernandez-San Martin, 2013, Stoffers et al. 2012).

Die erste Studie verglich MBT in einer Tagesklinik mit dem ansonsten üblichen Behandlungsangebot (treatment as usual, TAU, N = 44) (Bateman und Fonagy, 1999, 2008). In der zweiten Studie wurde das ambulante MBT-Setting im Vergleich zu strukturiertem klinischem Management (SCM, N = 134) untersucht (Bateman und Fonagy 2009). Für beide Studien wurden 8-Jahres-Follow-up-Untersuchungen durchgeführt. Eine dritte RCT wurde von einer unabhängigen dänischen Forschergruppe durchgeführt (N = 85) (Jørgensen et al., 2013).

Die primären Zielkriterien waren in allen Studien die Reduktion von Suizidalität, Selbstverletzungen und Rehospitalisierungen. MBT war sowohl darin als auch in Bezug auf weitere psychiatrische Symptome wie Angst, Depressivität und generelle Symptombelastung signifikant überlegen. In den Follow-up-Untersuchungen zeigte sich, dass die

9 RCT sind das anerkannteste Forschungsdesign, um Wirksamkeitsnachweise zu erbringen.

Überlegenheit der MBT hinsichtlich Suizidversuchen, psychiatrischen Hospitalisationen, dem globalen Funktionsniveau und dem Arbeits- bzw. Ausbildungsstatus zeitlich stabil war.

In Sekundäranalysen der ambulanten Behandlungsstudie zeigte sich zum einen, dass MBT für Patienten mit mehreren komorbiden Persönlichkeitsstörungen und schwerere Symptombeeinträchtigung (Bateman und Fonagy 2013) und Patienten mit komorbider antisozialer Persönlichkeitsstörung (Bateman et al., 2016) besonders überlegen war. Die Mentalisierungsbasierte Therapie für Adoleszente (MBT-A) erwies sich bei der Behandlung Jugendlicher ebenfalls als wirksamer als die Vergleichsbedingung (Rossouw und Fonagy, 2012) und führte zu deutlich weniger selbstverletzendem Verhalten und Depressivität als die Vergleichsgruppe. Die Therapielängen der RCT variierten zwischen 12 Monaten bei den Adoleszenten, 18 Monaten bei den britischen RCTs und 24 Monaten bei der dänischen Studie. In allen Studien wurden manualgetreu wöchentliche Einzelsitzungen mit Gruppensitzungen bei den Erwachsenen bzw. Familiensitzungen bei den Adoleszenten kombiniert. Es kann dabei davon ausgegangen werden, dass sich die Verbesserung des Mentalisierens signifikant auf die Verbesserung der Emotionsregulation und interpersoneller Probleme auswirkt (Euler und Nolte, 2019).

Es gibt, wie weiter oben angedeutet, eine ganze Reihe weiterer Studien, die überzeugende Nachweise zur Wirksamkeit der MBT liefern oder für welche vielversprechende Forschungsdesigns publiziert wurden. In einer naturalistischen Studie mit Borderline-Patienten mit einem hohen Schweregrad der Erkrankung und erheblichen Komorbiditäten im Bereich der Achse-I- und Achse-II-Erkrankungen erwies sich die teilstationäre 18-monatige Behandlung als erfolgreich ($N = 45$) mit signifikanten Verbesserungen in den Bereichen allgemeine Symptombelastung und Depressivität, Lebensqualität, soziales Funktionsniveau sowie Borderline- und allgemeine Persönlichkeitspathologie (Bales et al., 2012). Auch reduzierten sich hier ebenfalls die Zahl der Suizidversuche, Selbstverletzungen und psychiatrischen Aufenthalte. Multizentrische Vergleichsstudien zwischen ambulanter und teilstationärer MBT (Laurenssen et al., 2014) sowie RCT zur Evidenz der MBT für psychotische und depressive Störungsbilder sowie für Patienten mit Essstörungen laufen gegenwärtig (Jakobsen et al., 2012; Robinson et al., 2014; Weijers et al., 2016). Für die Überlegenheit des intensiven ambulanten Behandlungsprogramms (IOP) mit Gruppen- und Einzeltherapie konnte eine norwegische Arbeitsgruppe zeigen, dass die MBT hier vielversprechender ist als andere kombinierte Verfahren (Antonsen et al., 2017; Kvarstein et al., 2015). Eine qualtitative Studie zum »MBT-Skills-Training« (MBT-S) bei stationären Borderline-Patienten zeigte, dass Pflegekräfte ihre Haltung gegenüber Patienten verbesserten und sich im Umgang sicherer fühlten (Warrender 2015). Eine weitere Studie zeigt, dass MBT bei Borderline-Patienten zu neurokognitiven Funktionsverbesserungen führte (Thomsen et al., 2016).

Im deutschsprachigen Raum verglich eine Studie an stationären Patienten die Wirksamkeit von Add-on-MBT. Die Ergebnisse zeigten, dass eine Kombination aus MBT und DBT effektiver in der Reduktion von Selbstverletzungen und Bindungsangst war als die Standard-Behandlung mit DBT allein (Edel et al., 2017). Bezüglich der Mentalisierungsbasierten Gruppentherapie (MBT-G) konnte Schultz-Venrath mit seiner Arbeitsgruppe überzeugende Wirksamkeitsnachweise bei stationären psychosomatischen Patienten vorweisen (Brand et al., 2016). An der Universität Heidelberg ist gegenwärtig eine Studie in Planung, die MBT mit DBT vergleicht (Svenja Taubner, persönliche Mitteilung), an der Universität Freiburg wird aktuell eine Pilotstudie zur Wirksamkeit der MBT bei Essstörungen in der Tagesklinik durchgeführt (Zeeck, Flößer und Euler, 2018).

11 Institutionelle Verankerung und Informationen zu Aus-, Fort- und Weiterbildung

MBT ist in den letzten Jahren im deutschsprachigen Raum in verschieden Institutionen implementiert worden. Beispielhaft sind hier die Klinik für Psychiatrie, Psychotherapie und Psychosomatik des Evangelischen Krankenhauses (EVK) Bergisch Gladbach, die Klinik Christophsbad Göppingen, die Erwachsenenpsychiatrische Klinik Basel (EPK) und die Psychiatrische Abteilung des Sozialmedizinischen Zentrums Süd in Wien zu nennen. Viele institutionell oder ambulant in der Praxis tätige Kollegen haben Trainings im Anna-Freud-Center (AFC) in London oder Workshops im deutschsprachigen Raum besucht und wenden mentalisierungsbasierte Ansätze in ihren Behandlungen an. Grundlagen der MBT werden inzwischen auch an den meisten psychodynamischen Ausbildungsinstitutionen gelehrt.

Die Ausbildung zum MBT Practioner wird über das AFC koordiniert und umfasst den Basis-Kurs, den Practioner-Kurs und Supervision bei einem erfahrenen bzw. anerkannten Supervisor. Neben dem AFC in London sind auch andernorts MBT-Ausbildungszentren etabliert worden. Unter der Leitung von Svenja Taubner und Sebastian Euler wurde MBT Germany in Heidelberg etabliert, wo seitdem regelmäßig gemeinsame Trainings mit Anthony Bateman und Peter Fonagy stattfinden. Die Ausbildungsrichtinien, eine Liste der Supervisoren sowie die Termine der Trainings in den anerkannten Ausbildungszentren findet sich auf der Homepage des AFC.[10]

Im Jahr 2015 wurde durch Ulrich Schultz-Venrath, Peter Döring, Peter Rottländer, Helga Felsberger und Sebastian Euler das Netzwerk

---

10 http://www.annafreud.org/training/mentalization-based-treatment-training (Zugriff am 06.02.2018).

Mentalisieren ins Leben gerufen, das sich unter Einbezug weiterer namhafter Exponenten im deutschsprachigen Raum wie Svenja Taubner und Thomas Bolm 2016 mit etwa 50 Teilnehmern zur Gründungstagung in Bergisch-Gladbach getroffen hat und 2017 zur zweiten Jahrestagung zusammengekommen ist. Das Netzwerk bietet eine Plattform des Austauschs von MBT-Experten im deutschsprachigen Raum und stellt den Austausch mit Anthony Bateman und Peter Fonagy über Weiterentwicklungen des Modells sicher. Die Homepage des Netzwerks findet sich unter www.mentalisieren.net.

Weitere Internetlinks mit Fort- und Weiterbildungsmöglichkeiten sind neben dem Anna-Freud-Center http://www.annafreud.org/ die Seiten http://www.mentalisierung.net/ und http://www.mentalisieren.ch/ (Zugriff jeweils am 06.02.2018).

Forschungsprojekte zur Anwendung der MBT laufen u. a. an den Universitäten in Basel, Heidelberg und Freiburg i. Br. sowie an der Klinik für Psychiatrie, Psychotherapie und Psychosomatik des Evangelischen Krankenhauses (EVK) Bergisch Gladbach.

Literatur

Agrawal, H. R., Gunderson, J. G., Holmes, B. M. und Lyons-Ruth, K. (2004). Attachment studies with borderline patients: A review. Harvard review of psychiatry, 12(2), 94-104.

Ainsworth, M., Blehar, M., Waters, E., Wall, S. (1978). Patterns of attachment. Erlbaum Hillsdale, NJ.

Aisenstein, M., Smadja, C. und Noll, M. (2011). Zur Begriffsbildung der Pariser Psychosomatischen Schule: Ein klinisch-psychoanalytischer Ansatz in der Onkologie. Int. Psychoanalyse, 6, 49-76.

Allen, J. G. (2013). Mentalizing in the development and treatment of attachment trauma. London: Karnac Books.

Allen, J. G., Fonagy, P. und Bateman, A. W. (2008). Mentalizing in clinical practice. Washington, D. C., London: American Psychiatric Pub.

Allen, J. G., Fonagy, P. und Bateman, A. W. (2011). Mentalisieren in der psychotherapeutischen Praxis. Stuttgart: Klett-Cotta.

Altmeyer, M. und Thomä, H. (2007). Die vernetzte Seele. Balint Journal, 8(03), 105-106.

Amianto, F., Northoff, G., Daga, G. A., Fassino, S. und Tasca, G. A. (2016). Is anorexia nervosa a disorder of the self? A psychological approach. Frontiers in Psychology, 7, 849.

American Psychiatric Association (APA) (2013). Diagnostic and statistical manual of mental disorders (DSM-5®) Washington, D. C., London: American Psychiatric Pub.

Antonsen, B. T., Kvarstein, E. H., Urnes, O., Hummelen, B., Karterud, S. und Wilberg, T. (2017). Favourable outcome of long-term combined psychotherapy for patients with borderline personality disorder: Six-year follow-up of a randomized study. Psychother Res, 27(1), 51-63.

Asen, E. und Fonagy, P. (2012). Mentalization-Based Family Therapy. In A. W. Bateman und P. Fonagy (Eds.), Handbook of mentalizing in mental health practice (1 ed., pp. 107-128). Washington, D. C., London: American Psychiatric Pub.

AWMF (2015). S3-Leitlinie/Nationale Versorgungsleitlinie Unipolare Depression. Langfassung. 2. Auflage, Version 5 AWMF-Register-Nr.: nvl-005. Retrieved from http://www.leitlinien.de/mdb/downloads/nvl/depression/depression-2aufl-vers5-lang.pdf (Zugriff am 06.02.2018).

Baldwin, S. A., Wampold, B. E. und Imel, Z. E. (2007). Untangling the alliance-outcome correlation: Exploring the relative importance of therapist and patient variability in the alliance. Journal of consulting and clinical psychology, 75(6), 842.

Bales, D. und Bateman, A. W. (2012). Partial Hospitalization Settings. In A. W. Bateman und P. Fonagy (Eds.), Handbook of mentalizing in mental health practice (pp. 197-226). Washinton, D. C., London: American Psychiatric Pub.

Bales, D., van Beek, N., Smits, M., Willemsen, S., Busschbach, J. J., Verheul, R. und Andrea, H. (2012). Treatment outcome of 18-month, day hospital mentalization-based treatment (MBT) in patients with severe borderline personality disorder in the Netherlands. J Pers Disord, 26(4), 568-582.

Barnicot, K., Katsakou, C., Bhatti, N., Savill, M., Fearns, N. und Priebe, S. (2012). Factors predicting the outcome of psychotherapy for borderline personality disorder: a systematic review. Clinical Psychology Review, 32(5), 400-412.

Baron-Cohen, S. (1997). Mindblindness: An essay on autism and theory of mind. Cambridge: MIT press.

Baron-Cohen, S., Wheelwright, S., Hill, J., Raste, Y., Plumb, I. (2001). The ›Reading the Mind in the Eyes‹ Test revised version: a study with normal adults, and adults with Asperger syndrome or high-functioning autism. J Child Psychol Psychiatry, 42, 241-251.

Barzynski, E., Brand, T., Fuhrländer, S., Hecke, D. und Schultz-Venrath, U. (2013). Psychodynamische versus mentalisierungsbasierte Gruppenpsychotherapie – Versorgungsforschung in einer Tagesklinik. Gruppenpsychotherapie und Gruppendynamik, 49(4), 350-369.

Bateman, A., O'Connell, J., Lorenzini, N., Gardner, T. und Fonagy, P. (2016). A randomised controlled trial of mentalization-based treatment versus structured clinical management for patients with comorbid borderline personality disorder and antisocial personality disorder. BMC Psychiatry, 16, 304.

Bateman, A. W. (2014). Mentalization based treatment – a summary of the core model. Unveröff. Manuskript.

Bateman, A. W., Bales, D. und Hutsebaut, J. (2012). A Quality Manual for MBT. Paper presented at the Nordic MBT-network meeting, Oslo.

Bateman, A. W., Bolton, R. und Fonagy, P. (2013). Antisocial personality disorder: A mentalizing framework. Focus, 11(2), 178-186.

Bateman, A. W. und Fonagy, P. (1999). Effectiveness of partial hospitalization in the treatment of borderline personality disorder: a randomized controlled trial. American journal of Psychiatry, 156(10), 1563-1569.

Bateman, A. W. und Fonagy, P. (2005). Psychotherapy for borderline personality disorder. Oxford: Oxford University Press.

Bateman, A. W. und Fonagy, P. (2008). 8-year follow-up of patients treated for borderline personality disorder: mentalization-based treatment versus treatment as usual. American journal of Psychiatry, 165(5), 631-638.

Bateman, A. W. und Fonagy, P. (2009). Randomized controlled trial of outpatient mentalization-based treatment versus structured clinical management for borderline personality disorder. American journal of Psychiatry, 166(12), 1355-1364.

Bateman, A. W. und Fonagy, P. (2012a). Handbook of mentalizing in mental health practice. Washington, D. C., London: American Psychiatric Pub.

Bateman, A. W. und Fonagy, P. (2012b). Individual techniques of the basic model. In: Bateman, A. W. und Fonagy, P. (Eds.) Handbook of mentalizing in mental health practice (pp. 67–80). Washington, D. C., London: American Psychiatric Pub.

Bateman, A. W. und Fonagy, P. (2013). Impact of clinical severity on outcomes of mentalisation-based treatment for borderline personality disorder. The British Journal of Psychiatry, 203(3), 221-227.

Bateman, A. W. und Fonagy, P. (2015). Borderline Personality Disorder and Mood Disorders: Mentalizing as a Framework for Integrated Treatment. J Clin Psychol, 71(8), 792-804.

Bateman, A. W. und Fonagy, P. (2016). Mentalization-based treatment for personality disorders: a practical guide. Oxford: Oxford University Press.

Bateman, A. W. und Fonagy, P. (Eds.) (2019). Handbook of mentalizing in mental health practice (2 ed.). Washington, D. C., London: American Psychiatric Publishing, Inc.

Bateman, A. W., Gunderson, J. G. und Mulder, R. (2015). Treatment of personality disorder. Lancet, 385(9969), 735-743.

Becker, D. F., Grilo, C. M., Morey, L. C., Walker, M. L., Edell, W. S. und McGlashan, T. H. (1999). Applicability of personality disorder criteria to hospitalized adolescents: evaluation of internal consistency and criterion overlap. Journal of the American Academy of Child und Adolescent Psychiatry, 38(2), 200-205.

Bedics, J. D., Atkins, D. C., Harned, M. S. und Linehan, M. M. (2015). The therapeutic alliance as a predictor of outcome in dialectical behavior therapy versus nonbehavioral psychotherapy by experts for borderline personality disorder. Psychotherapy, 52(1), 67.

Bion, W. (1962). The psycho-analytic study of thinking. A theory of thinking. The International journal of psycho-analysis, 43, 306.

Blais, M. A., Hilsenroth, M. J. und Fowler, J. C. (1999). Diagnostic efficiency and hierarchical functioning of the DSM-IV borderline personality disorder criteria. The Journal of nervous and mental disease, 187(3), 167-173.

Bleiberg, E., Rossouw, T. und Fonagy, P. (2012). Adolescent Breakdown and Emerging Borderline Peresonality Disorder. In A. W. Bateman und P. Fonagy (Eds.), Handbook of mentalizing in mental health practice (pp. 463-510). Washington, D. C., London: American Psychiatric Pub.

Bohus, M. und Kroger, C. (2011). Psychopathology and psychotherapy of borderline personality disorder: state of the art. Nervenarzt, 82(1), 16-24.

Böker, H. und Northoff, G. (2010). Die Entkopplung des Selbst in der Depression. Psyche, 64(9-10), 934-976.

Bolm, T. (2009). Mentalisierungsbasierte Therapie (MBT) als Gruppenpsychotherapie. Persönlichkeitsstörungen: Theorie und Therapie, 13(2), 94-103.

Bolm, T. (2015). Mentalisierungsbasierte Therapie. München: Ernst Reinhardt.

Bordin, E. S. (1979). The generalizability of the psychoanalytic concept of the working alliance. Psychotherapy: Theory, research und practice, 16(3), 252.

Bouchard, M.-A., Target, M., Lecours, S., Fonagy, P., Tremblay, L.-M., Schachter, A. und Stein, H. (2008). Mentalization in adult attachment narratives: Reflective functioning, mental states, and affect elaboration compared. Psychoanalytic Psychology, 25(1), 47.

Bowlby, J. (1977). The making and breaking of affectional bonds. I. Aetiology and psychopathology in the light of attachment theory. An expanded version of the Fiftieth Maudsley Lecture, delivered before the Royal College of Psychiatrists, 19 November 1976. Br J Psychiatry, 130, 201-210.

Brand, T., Hecke, D., Rietz, C. und Schultz-Venrath, U. (2016). Therapieeffekte mentalisierungsbasierter und psychodynamischer Gruppenpsychotherapie in einer randomisierten Tagesklinik-Studie. Gruppenpsychotherapie und Gruppendynamik, 52(2), 156-174.

Brauhardt, A., de Zwaan, M. und Hilbert, A. (2014). The therapeutic process in psychological treatments for eating disorders: A systematic review. International Journal of Eating Disorders, 47(6), 565-584.

Brockmann, J. und Kirsch, H. (2010). Konzept der Mentalisierung. Psychotherapeut, 55(4), 279-290.

Bruch, H. (1973). Eating disorders: Obesity, anorexia nervosa, and the person within. London: Routledge & Kegan Paul.

Brunner, J. (2017). Psychotherapie und Neurobiologie: Neurowissenschaftliche Erkenntnisse für die psychotherapeutische Praxis. Stuttgart: Kohlhammer.

Buchheim, A. (2011). Borderline Persönlichkeitsstörung und Bindungserfahrungen. In: Buchheim, A. (Hrsg.) Handbuch der Borderline-Störungen. Stuttgart: Schattauer, 158-167.

Buchheim, A. und George, C. (2011). Attachment disorganization in borderline personality disorder and anxiety disorder. Disorganization of attachment and caregiving, 2, 343-383.

Burgmer, M., Jessen, F. und Freyberger, H. J. (2000). Polythetic diagnostic approach to the borderline personality disorder. Psychopathology, 33(3), 119-124.

Busmann, M., Wrege, J., Meyer, A. H., Ritzler, F., Schmidlin, M., Lang, U. E., Gaab, J., Walter, M., Euler, E. (2019). Alternative model of personality disorders (DSM-5) predicts dropout in inpatient psychotherapy. Frontiers in Psychology, 10, 952.

Choi-Kain, L. W. und Gunderson, J. G. (2008). Mentalization: ontogeny, assessment, and application in the treatment of borderline personality disorder. American journal of Psychiatry, 165(9), 1127-1135.

Clarkin, J. F. und Levy, K. N. (2006). Psychotherapy for patients with borderline personality disorder: focusing on the mechanisms of change. J Clin Psychol, 62(4), 405-410.

Clarkin, J. F., Yeomans, F. E. und Kernberg, O. F. (2006). Psychotherapy for borderline disorder: Focusing on object relations. Washington, DC: American Psychiatric Publishing.

Coid, J. und Ullrich, S. (2010). Antisocial personality disorder is on a continuum with psychopathy. Comprehensive psychiatry, 51(4), 426-433.

Dammann, G. (2014). Psychotherapeutischer Prozess und Persönlichkeitsstörungen. Psychotherapeut, 59(2), 119-129.

Daudert, E. (2002). Die Reflective Self Functioning Scale. In B. Strauss, A. Buchheim und H. Kächele (Eds.), Klinische Bindungsforschung: Theorien – Methoden – Ergebnisse (pp. 54-67). Stuttgart: Schattauer.

De Zwaan, M. und Friederich, H. (2006). Binge Eating Störung. Ther Umsch, 63 (8), 529-533.

De Zwaan, M. und Zeeck, A. (2016). Essstörungen und Adipositas. In S. Herpertz, F. Caspar und K. Lieb (Eds.), Psychotherapie – Funktions- und störungsorientiertes Vorgehen (pp. 455-472). München: Elsevier.

Dimaggio, G., Lysaker, P. H., Carcione, A., Nicolo, G. und Semerari, A. (2008). Know yourself and you shall know the other … to a certain extent: multiple paths of influence of self-reflection on mindreading. Conscious Cogn, 17(3), 778-789.

Dimitrijević A., Hanak N., Altaras Dimitrijević A. und Jolić Marjanović Z. (2017). The Mentalization Scale (MentS): A Self-Report Measure for the Assessment of Mentalizing Capacity. J Pers Assess, 24, 1-13.

Domes, G., Heinrichs, M., Michel, A., Berger, C. und Herpertz, S. C. (2007). Oxytocin improves »mind-reading« in humans. Biological psychiatry, 61(6), 731-733.

Domes, G., Schulze, L. und Herpertz, S. C. (2009). Emotion recognition in borderline personality disorder-a review of the literature. J Pers Disord, 23(1), 6-19.

Döring, P. (2013). Mentalisierungsbasiertes Management. In U. Schultz-Venrath (Ed.), Lehrbuch Mentalisieren (pp. 351-382). Stuttgart: Klett-Cotta.

Dornes, M. (2004). Über Mentalisierung, Affektregulierung und die Entwicklung des Selbst. Forum der Psychoanalyse, 20(2), 175-199.

Edel, M. A., Raaff, V., Dimaggio, G., Buchheim, A. und Brune, M. (2017). Exploring the effectiveness of combined mentalization-based group therapy and dialectical behaviour therapy for inpatients with borderline personality disorder – A pilot study. Br J Clin Psychol, 56(1), 1-15.

Ekeblad, A., Falkenstrom, F. und Holmqvist, R. (2016). Reflective functioning as predictor of working alliance and outcome in the treatment of depression. J Consult Clin Psychol, 84(1), 67-78.

Euler, S. (2008). Durchführung der psychoedukativen Gruppen. In G. Stoppe und K. Rabovsky (Eds.), Diagnosenübergreifende und multimodale Psychoedukation – ein Manual zur Durchführung von Patienten- und Angehörigengruppen (pp. 15-28). München: Urban und Fischer.

Euler, S. (2014). Mentalisierungsbasierte Therapie (MBT) als integratives Behandlungskonzept für die Psychotherapie von Persönlichkeitsstörungen. Psychiatrie und Neurologie, 3, 6-11.

Euler, S. (2019). Mentalisierungsbasierte Gruppentherapie. In S. Taubner, A. Bateman und P. Fonagy (Eds.). Mentalisierungsbasierte Therapie. Göttingen: Hogrefe.

Euler, S., Dammann, G., Endtner, K., Leihener, F., Perroud, N. A., Reisch, T., Schmeck, K., Sollberger, D., Walter, M., Kramer, U. (2018a). SGPP-Behandlungsempfehlungen für die Borderline-Persönlichkeitsstörung. http://www.psychiatrie.ch/sgpp/fachleute-und-kommissionen/behandlungsempfehlungen/ (Zugriff am 06.02.2018).

Euler, S., Nolte, T., Constantinou, M., Griem, J., Montague, P. R. und Fonagy, P. (2018). Interpersonal problems in borderline personality disorder: Associations with mentalizing, emotion regulation and impulsiveness. Journal of Personality Disorders, 1-17. 2019. IF: 2.970. Seite: 170

Euler, S. und Rabovsky, K. (2008). Diagnosenübergreifende und multimodale Psychoedukationsgruppen: Häufige Fragen und Lösungsmöglichkeiten für schwierige Situationen. In G. Stoppe und K. Rabovsky (Eds.), Diagnosenübergreifende und multimodale Psychoedukation – ein Manual zur Durchführung von Patienten- und Angehörigengruppen (pp. 95-100). München: Urban und Fischer.

Euler, S. und Schultz-Venrath, U. (2014a). Mentalisierungsbasierte Therapie (MBT). PiD-Psychotherapie im Dialog, 15(03), 40-43.

Euler, S. und Schultz-Venrath, U. (2014b). Theorie und Praxis der mentalisierungsbasierten Therapie (MBT) bei der Borderline-Persönlichkeitsstörung. PSYCH up2date, 8(06), 393-407.

Euler, S., Sollberger, D., Bader, K., Lang, U. E. und Walter, M. (2015). Persönlichkeitsstörungen und Sucht: Systematische Literaturübersicht zu Epidemiologie, Verlauf und Behandlung. Fortschritte der Neurologie – Psychiatrie, 83 (10), 544-554.

Euler, S., Stalujanis, E., Lindenmeyer, H. J., Kramer, U., Perroud, N. A. und Weibel (in press). Impact of childhood maltreatment in borderline personality disorder on treatment response to intensive dialectical behaviour therapy. Journal of Personality Disorders.

Euler, S., Stalujanis, E. und Spitzer, C. (2018). Aktueller Stand der Psychotherapie von Persönlichkeitsstörungen. Zeitschrift für Psychiatrie, Psychologie und Psychotherapie, 66, 95-105.

Euler, S., Stöbi, D., Sowislo, J., Wrege, J., Ritzler, F., Huber, C. G., Lang, U. E., Walter, M. (2018b). Grandiose and Vulnerable Narcissism in Borderline Personality Disorder. Psychopathology, 51, 110-121.

Euler, S., Wrege, J., Busmann, M., Lindenmeyer, H. J., Sollberger, D., Lang, U. E., Gaab, J., Walter, M. (2018). Exclusion-proneness in borderline personality disorder inpatients impairs alliance in mentalization-based group therapy. Frontiers in Psychology, 9, 824.

Fiedler, P. (2007). Persönlichkeitsstörungen (6 ed.). Weinheim: Beltz.

Fiedler, P. (2011). Persönlichkeitsstörungen. In H. U. Wittchen und J. Hoyer (Eds.), Klinische Psychologie und Psychotherapie (pp. 1101-1121). Heidelberg und Berlin: Springer.

Fischer-Kern, M. und Tmej, A. (2014). Ein psychoanalytischer Zugang zur Depression: Bindung und Mentalisierung. Psychotherapie Forum, 19(1), 13-20.

Fischer-Kern, M., Tmej, A., Kapusta, N. D., Naderer, A., Leithner-Dziubas, K., Loffler-Stastka, H. und Springer-Kremser, M. (2008). The capacity for mentalization in depressive patients: a pilot study. Z Psychosom Med Psychother, 54 (4), 368-380.

Fisher, A., Manicavasagar, V., Kiln, F. und Juraskova, I. (2016). Communication and decision-making in mental health: A systematic review focusing on Bipolar disorder. Patient education and counseling, 99(7), 1106-1120.

Fonagy, P. (1991). Thinking about thinking: some clinical and theoretical considerations in the treatment of a borderline patient. Int J Psychoanal, 72(4), 639-656.

Fonagy, P. (1995). Playing with reality: the development of psychic reality and its malfunction in borderline personalities. Int J Psychoanal, 76(1), 39-44.

Fonagy, P. und Allison, E. (2014). The role of mentalizing and epistemic trust in the therapeutic relationship. Psychotherapy, 51(3), 372.

Fonagy, P., Bateman, A. W. und Bateman, A. (2011). The widening scope of mentalizing: A discussion. Psychology and Psychotherapy: Theory, Research and Practice, 84(1), 98-110.

Fonagy, P., Bateman, A. W. und Luyten, P. (2012). Introduction and Overview. In A. Bateman und P. Fonagy (Eds.), Handbook of Mentalizing in Mental Health Practice (pp. 3-42). Washington, D. C., London: American Psychiatric Pub.

Fonagy, P., Gergely, G. und Jurist, E. L. (2004). Affect regulation, mentalization and the development of the self. London: Karnac books.

Fonagy, P., Leigh, T., Steele, M., Steele, H., Kennedy, R., Mattoon, G., Target, M., Gerber, A. (1996). The relation of attachment status, psychiatric classification, and response to psychotherapy. Journal of consulting and clinical psychology, 64(1), 22.

Fonagy, P. und Luyten, P. (2009). A developmental, mentalization-based approach to the understanding and treatment of borderline personality disorder. Dev Psychopathol, 21(4), 1355-1381.

Fonagy, P. und Luyten, P. (2016). A multilevel perspective on the development of borderline personality disorder. Developmental psychopathology, Volume 3, 17, 1-67.

Fonagy, P., Luyten, P. und Allison, E. (2015). Epistemic petrification and the restoration of epistemic trust: A new conceptualization of borderline personality disorder and its psychosocial treatment. Journal of personality disorders, 29 (5), 575-609.

Fonagy, P., Luyten, P., Moulton-Perkins, A., Lee, Y.-W., Warren, F., Howard, S., Ghinai, R., Fearon, P., Lowyck, B. (2016). Development and validation of a self-report measure of mentalizing: The reflective functioning questionnaire. PloS One, 11(7), e0158678.

Fonagy, P., Steele, M., Steele, H., Moran, G. S. und Higgitt, A. C. (1991). The capacity for understanding mental states: The reflective self in parent and child and its significance for security of attachment. Infant mental health journal, 12(3), 201-218.

Fonagy, P. und Target, M. (1997). Attachment and reflective function: their role in self-organization. Dev Psychopathol, 9(4), 679-700.

Fonagy, P., Target, M., Steele, H. und Steele, M. (1998). Reflective-functioning manual, version 5.0, for application to adult attachment interviews. London: University College London.

Freud, S. (1917). 18. Vorlesung: Die Fixierung an das Trauma, das Unbewusste. Studienausgabe Bd I. Frankfurt am Main, – Fischer, 1969.

Fydrich, T., Schmitz, B., Dietrich, D., Heinicke, S. und König, J. (1996). Prävalenz und Komorbidität von Persönlichkeitsstörungen. In B. Schmitz, T. Fydrich und K. Limbacher (Eds.), Persönlichkeitsstörungen. Diagnostik und Psychotherapie (pp. 56-90). Weinheim: Beltz.

Gander, M., Sevecke, K. und Buchheim, A. (2015). Eating disorders in adolescence: attachment issues from a developmental perspective. Frontiers in Psychology, 6, 1136.

García, S., Martínez-Cengotitabengoa, M., López-Zurbano, S., Zorrilla, I., López, P., Vieta, E. und González-Pinto, A. (2016). Adherence to Antipsychotic Medication in Bipolar Disorder and Schizophrenic Patients: A Systematic Review. Journal of clinical psychopharmacology, 36(4), 355.

George, C., Kaplan, N. und Main, M. (1984/1985/1996). The Berkeley Adult Attachment Interview. Berkeley.

Gergely, G. und Watson, J. S. (1996). The social biofeedback model of parental affect-mirroring. The International journal of psycho-analysis, 77(6), 1181.

Glenn, A. L., Johnson, A. K. und Raine, A. (2013). Antisocial personality disorder: a current review. Current psychiatry reports, 15(12), 1-8.

Godart, N., Perdereau, F., Rein, Z., Berthoz, S., Wallier, J., Jeammet, P. und Flament, M. (2007). Comorbidity studies of eating disorders and mood disorders. Critical review of the literature. Journal of affective disorders, 97(1), 37-49.

Godt, K. (2008). Personality disorders in 545 patients with eating disorders. European Eating Disorders Review, 16(2), 94-99.

Golan, O., Baron-Cohen, S., Hill, J. J., Golan, Y. (2006). The »reading the mind in films« task: complex emotion recognition in adults with and without autism spectrum conditions. Soc Neurosci, 1(2), 111-123.

Grabe, H. J., Löbel, S., Dittrich, D., Bagby, R. M. et al. (2009). The German version of the Toronto Structured Interview for Alexithymia: factor structure, reliability, and concurrent validity in a psychiatric patient sample. Compr Psychiatry, 50(5), 424-430.

Gratz, K. L., Rosenthal, M. Z., Tull, M. T., Lejuez, C. W. und Gunderson, J. G. (2010). An experimental investigation of emotional reactivity and delayed emotional recovery in borderline personality disorder: the role of shame. Compr Psychiatry, 51(3), 275-285.

Graves, T. A., Tabri, N., Thompson-Brenner, H., Franko, D. L. et al. (2017). A meta-analysis of the relation between therapeutic alliance and treatment outcome in eating disorders. International Journal of Eating Disorders, 50, (4), 323-340.

Grienenberg, J., Kelly, K. und Slade, A. (2005). Maternal reflective functioning, mother-infant communication, and infant attachment: Exploring the link between mental states and observed caregiving behavior in the intergenerational transmission of attachment. Attachment & Human Development, 7, 299-311.

Grilo, C. M., Sanislow, C. A., Skodol, A. E., Gunderson, J. G., Stout, R. L., Bender, D. S., Yen, S., Shea, MT., Morey, L. C., Zanarini, M. C. und McGlashan, T. H. (2007). Longitudinal diagnostic efficiency of DSM-IV criteria for borderline personality disorder: a 2-year prospective study. Can J Psychiatry, 52(6), 357-362.

Grühn, D. und Scheibe, S. (2008). Age-related differences in valence and arousal ratings of pictures from the International Affective Picture System (IAPS): Do ratings become more extreme with age? Behavior Research Methods. Heidelberg und Berlin: Springer.

Gunderson, J. G. (1997). The Borderline Patient's Intolerance of Aloneness: Insecure Attachments and Therapist Availability. Year Book of Psychiatry and Applied Mental Health, 1997(4), 147.

Gunderson, J. G. (2011). Clinical practice. Borderline personality disorder. N Engl J Med, 364(21), 2037-2042.

Gunderson, J. G., Bateman, A. W. und Kernberg, O. F. (2007). Alternative perspectives on psychodynamic psychotherapy of borderline personality disorder: the case of »Ellen«. Am J Psychiatry, 164(9), 1333-1339.

Gunderson, J. G. und Lyons-Ruth, K. (2008). BPD's interpersonal hypersensitivity phenotype: a gene-environment-developmental model. J Pers Disord, 22(1), 22-41.

Gunderson, J. G. und Singer, M. T. (1975). Defining borderline patients: An overview. American journal of Psychiatry, 132(1), 1-10.

Gunderson, J. G., Shea, M. T., Skodol, A. E., McGlashan, T. H., Morey, L. C., Stout, R. L., Zanarini, M. C., Grilo, C. M., Oldham, J. M., Keller, M. B. (2000). The Collaborative Longitudinal Personality Disorders Study: development, aims, design, and sample characteristics. J Pers Disord, 14(4), 300-15.

Gunderson, J. G., Stout, R. L., McGlashan, T. H., Shea, M. T., Morey, L. C., Grilo, C. M., Zanarini, M. C., Yen, S., Markowitz, J. C., Sanislow, C., Ansell, E., Pinto, A. und Skodol, A. E. (2011). Ten-year course of borderline personality disorder: psychopathology and function from the Collaborative Longitudinal Personality Disorders study. Archives of General Psychiatry, 68(8), 827-837.

Gunderson, J. G., Weinberg, I. und Choi-Kain, L. (2013). Borderline personality disorder. Focus, 11(2), 129-145.

Haddad, P. M., Brain, C. und Scott, J. (2014). Nonadherence with antipsychotic medication in schizophrenia: challenges and management strategies. Patient Relat Outcome Meas, 5, 43-62.

Hare, R. D. (1991). Manual for the Revised Psychopathy Checklist. Toronto, Ontario: MultiHealth Systems: Inc.

Hare, R. D. (2003). Manual for the revised psychopathy checklist (2nd ed). Toronto, Ontario: MultiHealth Systems: Inc.

Harrison, A., Sullivan, S., Tchanturia, K. und Treasure, J. (2010). Emotional functioning in eating disorders: attentional bias, emotion recognition and emotion regulation. Psychological medicine, 40(11), 1887-1897.

Harrison, A., Tchanturia, K. und Treasure, J. (2010). Attentional bias, emotion recognition, and emotion regulation in anorexia: state or trait? Biological psychiatry, 68(8), 755-761.

Harter, M., Klesse, C., Bermejo, I., Bschor, T., Gensichen, J. und Harfst, T. (2010). Evidenzbasierte Therapie der Depression: Die S3-Leitlinie Unipolare Depression. Nervenarzt, 81(9), 1049-1068.

Hartmann, A., Zeeck, A. und Barrett, M. S. (2010). Interpersonal problems in eating disorders. International Journal of Eating Disorders, 43(7), 619-627.

Hausteiner-Wiehle, C. und Henningsen, P. (2012). Diskussion um Konzepte und Diagnostik somatoformer Störungen. Der Nervenarzt, 83(9), 1097-1105.

Heim, C., Young, L., Newport, D. J., Mletzko, T., Miller, A. und Nemeroff, C. (2009). Lower CSF oxytocin concentrations in women with a history of childhood abuse. Molecular psychiatry, 14(10), 954-958.

Herpertz-Dahlmann, B., van Elburg, A., Castro-Fornieles, J. und Schmidt, U. (2015). ESCAP Expert Paper: New developments in the diagnosis and treatment of adolescent anorexia nervosa–a European perspective. European child und adolescent psychiatry, 24(10), 1153-1167.

Herpertz, S. C. (2011). Beitrag der Neurobiologie zum Verständnis der Borderline-Persönlichkeitsstörung. Der Nervenarzt, 82(1), 9-15.

Herpertz, S. C. und Habermeyer, E. (2004). Psychopathy: A subtype of antisocial personality disorder. Persönlichkeitsstörungen: Theorie und Therapie, 8(2), 73.

Herpertz, S. C., Rudolf, G. und Lieb, K. (2017). Kapitel 24 – Borderline-Persönlichkeitsstörungen. In A. Hengelmolen-Greb und M. Jöbges (Eds.), Psychotherapie Funktions- und Störungsorientiertes Vorgehen (pp. 395-412). Munich: Urban und Fischer.

Hoffmann, S. O., Rudolf, G. und Strauß, B. (2008). Unerwünschte und schädliche Wirkungen von Psychotherapie. Psychotherapeut, 53(1), 4-16.

Insel, T. R. und Young, L. J. (2001). The neurobiology of attachment. Nat Rev Neurosci, 2(2), 129-136.

Jakobsen, J. C., Gluud, C., Kongerslev, M., Larsen, K. A., Sørensen, P., Winkel, P., Lange, T. Søgaard, U., Simonsen, E. (2012). ›Third wave‹ cognitive therapy versus mentalization-based therapy for major depressive disorder. A protocol for a randomised clinical trial. BMC Psychiatry, 12(1), 232.

Jewell, T., Collyer, H., Gardner, T., Tchanturia, K., Simic, M., Fonagy, P. und Eisler, I. (2015). Attachment and mentalization and their association with child and adolescent eating pathology: A systematic review. International Journal of Eating Disorders, 49(4), 354-373.

Jørgensen, C. R., Freund, C., Bøye, R., Jordet, H., Andersen, D. und Kjølbye, M. (2013). Outcome of mentalization-based and supportive psychotherapy in patients with borderline personality disorder: a randomized trial. Acta Psychiatrica Scandinavica, 127(4), 305-317.

Karterud, S. (2015). Mentalization-Based Group Therapy (MBT-G): A theoretical, clinical, and research manual. Oxford: Oxford University Press.

Karterud, S. und Bateman, A. W. (2012). Group Therapy Thechniques. In A. W. Bateman und P. Fonagy (Eds.), Handbook of mentalizing in mental health practice (pp. 81-105). Washington, D. C., London: American Psychiatric Pub.

Karterud, S., Pedersen, G., Engen, M., Johansen, M. S., Johansson, P. N., Schlüter, C., Urnes, Øyvind Wilberg, T. und Bateman, A. W. (2013). The MBT Adherence and Competence Scale (MBT-ACS): development, structure and reliability. Psychotherapy Research, 23(6), 705-717.

Kazdin, A. E. (2007). Mediators and mechanisms of change in psychotherapy research. Annu. Rev. Clin. Psychol., 3, 1-27.

Kernberg, O. F. (1975). Borderline conditions and pathological narcism. New York: Jason Aronson.

Kernberg, O. F. (1992). Aggression in Personality Disorders and Perversions. New Haven: Yale University Press.

Kernberg, O. F. (2006). Narzissmus: Grundlagen-Störungsbilder-Therapie. Stuttgart: Schattauer.

Kernberg, O. F. (2016). Hass, Wut, Gewalt und Narzissmus. Stuttgart: Kohlhammer.

Kernberg, O. F. und Michels, R. (2009). Borderline personality disorder. Am J Psychiatry, 166(5), 505-508.

Kirsch, H., Brockmann, J. und Taubner, S. (2016). Praxis des Mentalisierens. Stuttgart: Klett-Cotta.

Kohut, H. (1971). The analysis of the self. New York: International Universities Press.

Kohut, H. (1977). The Restoration of the Self. New York: International Universities Press.

Küchenhoff, J. (2010). Zum Verhältnis von Psychopharmakologie und Psychoanalyse – am Beispiel der Depressionsbehandlung. Psyche, 64(9-10), 890-916.

Kuipers, G. und Bekker, M. (2012). Attachment, mentalization and eating disorders: a review of studies using the adult attachment interview. Current Psychiatry Reviews, 8(4), 326-336.

Kupfer, D. J. (1991). Long-term treatment of depression. J Clin Psychiatry, 52, 28-34.

Kvarstein, E. H., Pedersen, G., Urnes, O., Hummelen, B., Wilberg, T. und Karterud, S. (2015). Changing from a traditional psychodynamic treatment programme to mentalization-based treatment for patients with borderline personality disorder–does it make a difference? Psychol Psychother, 88(1), 71-86.

Lana, F. und Fernández-San Martín, M. I. (2013). To what extent are specific psychotherapies for borderline personality disorders efficacious? A systematic review of published randomised controlled trials. Actas Esp Psiquiatr, 41(4), 242-252.

Laska, K. M., Gurman, A. S. und Wampold, B. E. (2014). Expanding the lens of evidence-based practice in psychotherapy: a common factors perspective. Psychotherapy, 51(4), 467.

Laurenssen, E. M., Westra, D., Kikkert, M. J., Noom, M. J., Eeren, H. V., van Broekhuyzen, A. J., Peen, J., Luyten, P., Busschbach, J. J. V. und Dekker, J. J. (2014). Day Hospital Mentalization-Based Treatment (MBT-DH) versus treatment as usual in the treatment of severe borderline personality disorder: protocol of a randomized controlled trial. BMC Psychiatry, 14(1), 149.

Leichsenring, F., Leibing, E., Kruse, J., New, A. S. und Leweke, F. (2011). Borderline personality disorder. Lancet, 377(9759), 74-84.

Levy, K. N. (2005). The implications of attachment theory and research for understanding borderline personality disorder. Development and Psychopathology, 17(4), 959.

Lieberman, M. D. (2007). Social cognitive neuroscience: a review of core processes. Annu. Rev. Psychol., 58, 259-289.

Linden, M. und Strauß, B. (2013). Risiken und Nebenwirkungen von Psychotherapie: Erfassung, Bewältigung, Risikovermeidung. PSYCH up2date, 7(04), 203.

Linehan, M. M. (1993a). Cognitive-behavioral treatment of borderline personality disorder. New York: Guilford Press.

Linehan, M. M. (1993b). Skills training manual for treating borderline personality disorder. New York: Guilford Press.

Loranger, A. W., Sartorius, N., Andreoli, A., Berger, P., Buchheim, P., Channabasavanna, S., Coid B., A., Diekstra, R. F. W., Ferguson, B., Jacobsberg, L. B., Mombour, W., Pull, C., Ono, Y., Regier, D. A., und Ferguson, B. (1994). The international personality disorder examination: The World Health Organization/ Alcohol, Drug Abuse, and Mental Health Administration international pilot study of personality disorders. Archives of General Psychiatry, 51(3), 215-224.

Lorenzini, N. und Fonagy, P. (2013). Attachment and personality disorders: a short review. Focus, 11(2), 155-166.

Luyten, P. und Blatt, S. J. (2012). Psychodynamic treatment of depression. Psychiatr Clin North Am, 35(1), 111-129.

Luyten, P. und Fonagy, P. (2015). The neurobiology of mentalizing. Personal Disord, 6(4), 366-379.

Luyten, P., Fonagy, P., Lemma, A. und Target, M. (2012a). Depression. In A. W. Bateman und P. Fonagy (Eds.), Handbook of mentalizing in mental health practice (pp. 385-417). Washington D. C., London: American Psychiatric Pub.

Luyten, P., Fonagy, P., Lowyck, B. und Vermote, R. (2012b). Assessment of mentalization. In A. W. Bateman und P. Fonagy (Eds.), Handbook of Mentalizing in Mental Health Practice (pp. 43-65). Washington, D. C., London: American Psychiatric Pub.

Luyten, P., Van Houdenhove, B., Lemma, A., Target, M. und Fonagy, P. (2012c). A mentalization-based approach to the understanding and treatment of functional somatic disorders. Psychoanalytic Psychotherapy, 26(2), 121-140.

Maltsberger, J. T. und Buie, D. H. (1974). Countertransference hate in the treatment of suicidal patients. Archives of General Psychiatry, 30(5), 625-633.

Marty, P. (1990). La psychosomatique de l'adulte (6. ed.). Paris: Presses universitaires de France.

Marty, P. (1991). Mentalisation et psychosomatique. Les empêcheurs de penser en rond. Le Plessis-Robinson: Synthélabo.

Maunder, R. G. und Hunter, J. J. (2001). Attachment and psychosomatic medicine: developmental contributions to stress and disease. Psychosomatic medicine, 63(4), 556-567.

Miller, W. R. und Moyers, T. B. (2015). The forest and the trees: relational and specific factors in addiction treatment. Addiction, 110(3), 401-413.

Müller, C., Kaufhold, J., Overbeck, G. und Grabhorn, R. (2006). The importance of reflective functioning to the diagnosis of psychic structure. Psychology and Psychotherapy: Theory, Research and Practice, 79(4), 485-494.

Müller-Göttken, T., White, L. O., von Klitzing, K. und Klein, A. M. (2014). Reflexive Kompetenz der Mütter als Prädiktor des Therapieerfolgs mit Psychoanalytischer Kurzzeittherapie im Alter von 4 bis 10 Jahren. Praxis der Kinderpsychologie und Kinderpsychiatrie, 63(10), 795-811.

Narayan, V. M., Narr, K. L., Kumari, V., Woods, R. P., Thompson, P. M., Toga, A. W. und Sharma, T. (2007). Regional cortical thinning in subjects with violent antisocial personality disorder or schizophrenia. Am J Psychiatry, 164(9), 1418-1427.

Neumann, E. (2010). Offener und verdeckter Narzissmus. Psychotherapeut, 55(1), 21-28.

O'Shaughnessy, R. und Dallos, R. (2009). Attachment research and eating disorders: A review of the literature. Clinical Child Psychology and Psychiatry, 14 (4), 559-574.

OPD-2, A. (2014). Operationalisierten Psychodynamischen Diagnostik OPD-2: Das Manual für Diagnostik und Therapieplanung (3 ed.). Göttingen: Huber.

Preissler, S., Dziobek, I., Ritter, K., Heekeren, H. R. und Roepke, S. (2010). Social Cognition in Borderline Personality Disorder: Evidence for Disturbed Recognition of the Emotions, Thoughts, and Intentions of others. Front Behav Neurosci, 4, 182.

Reck, C., Backenstrass, M. und Mundt, C. (2002). Depression und interaktive Affektregulation. Therapie der affektiven Störungen: Psychosoziale und neurobiologische Perspektiven. Stuttgart: Schattauer.

Renneberg, B. und Ströhle, A. (2006). Soziale Angststörungen. Der Nervenarzt, 77(9), 1123-1132.

Rentrop, M., Reicherzer, M. und Bäuml, J. (2007). Psychoedukation Barderline-Störung: Manual zur Leitung von Patienten- und Angehörigengruppen. München: Urban und Fischer.

Ritter, K., Dziobek, I., Preißler, S., Rüter, A., Vater, A., Fydrich, T., Lammers, C. H., Heekeren, H. R. und Roepke, S. (2011). Lack of empathy in patients with narcissistic personality disorder. Psychiatry research, 187(1), 241-247.

Robinson, P., Barrett, B., Bateman, A., Hakeem, A., Hellier, J., Lemonsky, F., Rutterford, C., Schmidt, U. und Fonagy, P. (2014). Study protocol for a randomized controlled trial of mentalization based therapy against specialist supportive clinical management in patients with both eating disorders and symptoms of borderline personality disorder. BMC Psychiatry, 14(1), 51.

Rogers, C. (1972). Die klientenzentrierte Gesprächspsychotherapie. München: Kindler.

Ronningstam, E. (2017). Intersect between self-esteem and emotion regulation in narcissistic personality disorder-implications for alliance building and treatment. Borderline personality disorder and emotion dysregulation, 4(1), 3.

Roos, J. und Werbart, A. (2013). Therapist and relationship factors influencing dropout from individual psychotherapy: A literature review. Psychotherapy Research, 23(4), 394-418.

Roozendaal, B., McEwen, B. S. und Chattarji, S. (2009). Stress, memory and the amygdala. Nature Reviews Neuroscience, 10(6), 423-433.

Rossouw, T. I. und Fonagy, P. (2012). Mentalization-based treatment for self-harm in adolescents: a randomized controlledtrial. Journal of the American Academy of Child und Adolescent Psychiatry, 51(12), 1304-1313.

Rottländer, P. (2015). Mentalisieren in der Paartherapie. Psychoanalytische Familientherapie, 16(2), 31, 5-38.

Rudolf, G. (2013). Strukturbezogene Psychotherapie: Leitfaden zur psychodynamischen Therapie struktureller Störungen. Stuttgart: Schattauer.

Rutherford, M. D., Baron-Cohen, S., Wheelwright, S. (2002). Reading the mind in the voice: a study with normal adults and adults with Asperger syndrome and high functioning autism. J Autism Dev Disord, 32(3), 189-194.

Sachs, G. und Felsberger, H. (2013). Mentalization-based psychotherapy for schizophrenic psychoses. Psychotherapeut, 58(4), 339-343.

Schauenburg, H. und Bschor, T. (2013). Sollten leichte Depressionen ausschließlich psychotherapeutisch behandelt werden? Pro. Nervenarzt, 84, 386-387.

Schneider, F., Härter, M. und Schorr, S. (2017). S3-Leitlinie/Nationale VersorgungsLeitlinie Unipolare Depression. Heidelberg und Berlin: Springer.

Schnell, K. und Herpertz, S. C. (2018). Emotion Regulation and Social Cognition as Functional Targets of Mechanism-Based Psychotherapy in Major Depression With Comorbid Personality Pathology. J Pers Disord, 32, 12-35.

Schultz-Venrath, U. (2011). mentalisierungsbasierte Gruppenpsychotherapie. Psychotherapien in Tageskliniken – Methoden, Konzepte, Strukturen. Berlin: Medizinisch Wissenschaftliche Verlagsgesellschaft.

Schultz-Venrath, U. (2013a). Lehrbuch Mentalisieren: Psychotherapien wirksam gestalten. Stuttgart: Klett-Cotta.

Schultz-Venrath, U. (2013b). Somatoforme störungen oder »bodily distress disorders« (BDD) Lehrbuch Mentalisieren: Psychotherapien wirksam gestalten (pp. 319-336). Stuttgart: Klett-Cotta.

Schultz-Venrath, U., Brand, T., Euler, S. und Fuhrländer, S. (2012). Mentalisierungsbasierte Therapie (MBT) für Persönlichkeitsstörungen – ein (neues) Paradigma für behaviorale und psychodynamische Psychotherapien. SNAP, 163, 179-186.

Schultz-Venrath, U. und Felsberger, H. (2016). Mentalisieren in Gruppen. Stuttgart: Klett-Cotta.

Schulze, L., Dziobek, I., Vater, A., Heekeren, H. R., Bajbouj, M., Renneberg, B., Heuser, I. und Roepke, S. (2013). Gray matter abnormalities in patients with narcissistic personality disorder. J Psychiatr Res, 47(10), 1363-1369.

Semerari, A., Carcione, A., Dimaggio, G., Falcone, M., Nicolo, G., Procacci, M. und Alleva, G. (2003). How to evaluate metacognitive functioning in psychotherapy? The metacognition assessment scale and its applications. Clin Psychol Psychother, 10, 238-261.

Simonsen, S. und Euler, S. (2019). Avoidant and narcissistic Personality Disorder. In A. Bateman und P. Fonagy (Eds.), Handbook of mentalizing in mental health practice (2 ed.). Washington, D. C., London: American Psychiatric Publishing, Inc.

Skårderud, F. (2007). Eating one's words: Part III. Mentalisation-based psychotherapy for anorexia nervosa – an outline for a treatment and training manual. European Eating Disorders Review, 15(5), 323-339.

Skårderud, F. und Fonagy, P. (2012). Eating Disorders. In A. W. Bateman und P. Fonagy (Eds.), Handbook of Mentalizing in Mental Health Practice (pp. 347-383). Washington, D. C., London: American Psychiatric Pub.

Skodol, A. E., Gunderson, J. G., McGlashan, T. H., Dyck, I. R., Stout, R. L., Bender, D. S., Grilo, C. M., Shea, M. T., Zanarini, M. C., Morey, L. C., Sanislow, C. A. und Oldham, J. M. (2002). Functional impairment in patients with schizotypal, borderline, avoidant, or obsessive-compulsive personality disorder. Am J Psychiatry, 159(2), 276-283.

Sollberger, D. und Walter, M. (2010). Psychotherapie der Borderline-Persönlichkeitsstörung: Gemeinsamkeiten und Differenzen evidenzbasierter störungsspezifischer Behandlungen. Fortschritte der Neurologie – Psychiatrie, 78(12), 698-708.

Sowislo, J. F. und Euler, S. (2017). Psychodynamische Therapien der Borderline-Persönlichkeitsstörung. Psychiatrie und Neurologie, 4, 26-29.

Sowislo, J. F., Lange, C., Euler, S., Hachtel, H., Walter, M., Borgwardt, S., Lang, U. E. und Huber, C. G. (2017). Stigmatization of psychiatric symptoms and psychiatric service use: a vignette-based representative population survey. Eur Arch Psychiatry Clin Neurosci, 267(4), 351-357.

Sperber, D., Clément, F., Heintz, C., Mascaro, O., Mercier, H., Origgi, G. und Wilson, D. (2010). Epistemic vigilance. Mind und Language, 25(4), 359-393.

Spitzer, C., Armbrust, M., Aalderink, T., Dreyße, K., Masuhr, O., Jaegerm U. und Euler, S. (2019). Dialectical behavior therapy for men with borderline personality disorder. Psychotherapeut, 64(3): 232-240.

Spitzer, R. L., Endicott, J. und Gibbon, M. (1979). Crossing the border into borderline personality and borderline schizophrenia: The development of criteria. Archives of General Psychiatry, 36(1), 17-24.

Stalujanis, E. und Euler, S. (2019). Mentalisierungsbasierte Therapie bei Narzisstischer Persönlichkeitsstörung. PiD-Psychotherapie im Dialog, 20(03), 44-47.

Staun, L. (2017). Mentalisieren bei Depressionen. Stuttgart: Klett-Cotta.

Staun, L., Kessler, H., Buchheim, A., Kächele, H. und Taubner, S. (2010). Mentalisierung und chronische Depression. Psychotherapeut, 55(4), 299-305.

Steinhausen, H.-C. und Weber, S. (2009). The outcome of bulimia nervosa: findings from one-quarter century of research. American journal of Psychiatry, 166(12), 1331-1341.

Stern, D. N. (2007a). Die Lebenserfahrung des Säuglings. Stuttgart: Klett-Cotta.

Stoffers, J. M., Völlm, B. A., Rücker, G., Timmer, A., Huband, N. und Lieb, K. (2012). Psychological therapies for people with borderline personality disorder. Cochrane Database Syst Rev 15(8).

Stolorow, R. D., Brandchaft, B. und Atwood, G. E. (1987). Psychoanalytic Treatment. An Intersubjective Approach. El Dorado Hills: The Analytic Press.

Stolorow, R. D., Brandchaft, B. und Atwood, G. E. (2014). Psychoanalytic treatment: An intersubjective approach. Abingdon-on-Thames: Routledge.

Strauß, B. (2012). Die Gruppe als sichere Basis: Bindungstheoretische Überlegungen zur Gruppenpsychotherapie. In: B. Strauß und D. Mattke (Hrsg.), Gruppenpsychotherapie (pp. 85-98). Heidelberg und Berlin: Springer.

Streeck, U. und Leichsenring, F. (2015). Handbuch psychoanalytisch-interaktionelle Therapie Behandlung von Patienten mit strukturellen Störungen und schweren Persönlichkeitsstörungen. 3. erw. und überarb. Aufl. Göttingen: Vandenhoeck und Ruprecht.

Tasca, G. A. und Balfour, L. (2014). Attachment and eating disorders: A review of current research. International Journal of Eating Disorders, 47(7), 710-717.

Tasca, G. A., Ritchie, K. und Balfour, L. (2011). Implications of attachment theory and research for the assessment and treatment of eating disorders. Psychotherapy (Chic), 48(3), 249-259.

Taubner, S. (2015). Konzept Mentalisieren. Gießen: Psychosozial-Verlag.

Taubner, S., Bateman, A. und Fonagy, P. (in press). Mentalisierungs-Basierte Therapie. Göttingen: Hogrefe.

Taubner, S., Hörz, S., Fischer-Kern, M., Doering, S., Buchheim, A. und Zimmermann, J. (2013a). Internal structure of the reflective functioning scale. Psychological assessment, 25(1), 127.

Taubner, S., Kessler, H., Buchheim, A., Kächele, H. und Staun, L. (2011). The role of mentalization in the psychoanalytic treatment of chronic depression. Psychiatry: Interpersonal und Biological Processes, 74(1), 49-57.

Taubner, S., Sevecke, K. und Rossouw, T. (2015). Mentalisierungsbasierte Therapie bei Jugendlichen (MBT-A) mit Persönlichkeitsstörungen. Persönlichkeitsstörungen: Theorie und Therapie, 19(1), 33-43.

Taubner, S. und Volkert, J. (2017). Mentalisierungsbasierte Therapie für Adoleszente (MBT-A). Göttingen: Vandenhoeck und Ruprecht.

Taubner, S., White, L. O., Zimmermann, J., Fonagy, P. und Nolte, T. (2013b). Attachment-related mentalization moderates the relationship between psychopathic traits and proactive aggression in adolescence. Journal of abnormal child psychology, 41(6), 929-938.

Taubner, S., Zimmermann, L., Ramberg, A. und Schröder, P. (2016). Mentalization mediates the relationship between early maltreatment and potential for violence in adolescence. Psychopathology, 49(4), 236-246.

Thomsen, M. S., Ruocco, A. C., Uliaszek, A. A., Mathiesen, B. B. und Simonsen, E. (2016). Changes in neurocognitive functioning after 6 months of mentalization-based treatment for borderline personality disorder. J Pers Disord, 31(3), 306-324.

Tottenham, N., Tanaka, J. W., Leon, A. C., McCarry, T., Nurse, M., Hare, T. A., Marcus, D. J., Westerlund, A., Casey, B. J., Nelson, C. (2009) The NimStim set of facial expressions: judgments from untrained research participants. Psychiatry Res 168(3), 242-249.

Treasure, J., Zipfel, S., Micali, N., Wade, T., Stice, E., Claudino, A., Schmidt, U., Frank, G. K., Bulik, C. M. und Wentz, E. (2015). Anorexia nervosa. Nat Rev Dis Primers, 1, 15074.

Uddin, L. Q., Iacoboni, M., Lange, C. und Keenan, J. P. (2007). The self and social cognition: the role of cortical midline structures and mirror neurons. Trends in cognitive sciences, 11(4), 153-157.

Vermote, R., Lowyck, B., Luyten, P., Vertommen, H., Corveleyn, J., Verhaest, Y., Stroobants, R., Vandeneede, B., Vansteelandt, K. und Peuskens, J. (2010). Process and outcome in psychodynamic hospitalization-based treatment for patients with a personality disorder. The Journal of nervous and mental disease, 198(2), 110-115.

Vermote, R., Lowyck, B., Vandeneede, B., Bateman, A. W. und Luyten, P. (2012). Psychodynamically oriented therapeutic setting. In A. W. Bateman und P. Fonagy (Eds.), Handbook of mentalizing in mental health practice (pp. 247-271). Washington, D. C.; London: American Psychiatric Pub.

Wälte, D. (2003). Selbstunsichere Persönlichkeitsstörung. In S.C. Herpertz und H. Sass (Eds.), Persönlichkeitsstörungen (pp. 117-131). Stuttgart: Thieme.

Walter, M. und Dammann, G. (2006). Beziehungen bei Persönlichkeitsstörungen-Empirische Ergebnisse aus interpersoneller Perspektive. Persönlichkeitsstörungen: Theorie und Therapie, 10(2), 121-131.

Walter, M., Bureau, J. F., Holmes, B., Bertha, E. A.,, Hollander, M., Wheelis, J., Hall Brooks, N. und Lyons-Ruth, K. (2008). Cortisol response to interpersonal stress in young adults with borderline personality disorder. European Psychiatry, 23, 201-204.

Walter, M., Gunderson, J. G., Zanarini, M. C., Sanislow, C. A., Grilo, C. M., McGlashan, T. H., Morey, L. C., Yen, S., Stout, R. L., Skodol, A. E. (2009). New onsets of substance use disorders in borderline personality disorder over 7 years of follow-ups: Findings from the Collaborative Longitudinal Personality Disorders Study. Addiction, 104(1), 97-103.

Walter, M., Degenm B., Treugut, C., Albrich, J., Oppel, M., Schulz, A., Schächinger, H., Dürsteler-MacFarland, K. M. und Wiesbeck, G. A. (2011). Affective reactivity in heroin-dependent patients with antisocial personality disorder. Psychiatry Research, 187, 210-213.

Walter, M., Sollberger, D. und Euler, S. (2016). Persönlichkeitsstörungen und Sucht. Stuttgart: Kohlhammer.

Walter, M. und Bilke-Hentsch, O. (in press). Narzissmus. Grundlagen – Formen – Interventionen. Stuttgart: Kohlhammer.

Wampold, B. E. (2001). The great psychotherapy debate: Models, methods, and findings. New York: Taylor und Francis Mahwah.

Weijers, J., Ten Kate, C., Eurelings-Bontekoe, E., Viechtbauer, W., Rampaart, R., Bateman, A. und Selten, J. P. (2016). Mentalization-based treatment for psychotic disorder: protocol of a randomized controlled trial. BMC Psychiatry, 16, 191.

World Health Organization (WHO) (1993). The ICD-10 classification of mental and behavioural disorders: diagnostic criteria for research. Geneva: World Health Organization.

Young, J. E., Klosko, J. S. und Weishaar, M. E. (2003). Schema therapy: A practitioner's guide: New York: Guilford Press.

Zachrisson, H. D. und Skårderud, F. (2010). Feelings of insecurity: Review of attachment and eating disorders. European Eating Disorders Review, 18(2), 97-106.

Zaitsoff, S., Pullmer, R., Cyr, M. und Aime, H. (2015). The role of the therapeutic alliance in eating disorder treatment outcomes: a systematic review. Eating disorders, 23(2), 99-114.

Zanarini, M. C., Frankenburg, F. R., Hennen, J., Reich, D. B. und Silk, K. R. (2004). Axis I comorbidity in patients with borderline personality disorder: 6-year follow-up and prediction of time to remission. Am J Psychiatry, 161(11), 2108-2114.

Zanarini, M. C., Frankenburg, F. R., Hennen, J., Reich, D. B. und Silk, K. R. (2005). The McLean Study of Adult Development (MSAD): overview and implications of the first six years of prospective follow-up. J Pers Disord, 19 (5), 505-523.

Zanarini, M. C., Frankenburg, F. R., Reich, D. B. und Fitzmaurice, G. (2010). The 10-year course of psychosocial functioning among patients with borderline personality disorder and axis II comparison subjects. Acta Psychiatrica Scandinavica, 122(2), 103-109.

Zanarini, M. C., Frankenburg, F. R., Reich, D. B., Silk, K. R., Hudson, J. I. und McSweeney, L. B. (2007). The subsyndromal phenomenology of borderline personality disorder: a 10-year follow-up study. American journal of Psychiatry, 164(6), 929-935.

Zeeck, A. (2012). Gruppentherapie bei Essstörungen. In B. Strauss und D. Mattke (Eds.), Gruppenpsychotherapie – Lehrbuch für die Praxis (pp. 309-323). Heidelberg und Berlin: Springer.

Zeeck, A., Birindelli, E., Sandholz, A., Joos, A., Herzog, T. und Hartmann, A. (2007). Symptom severity and treatment course of bulimic patients with and without a borderline personality disorder. European Eating Disorders Review, 15(6), 430-438.

Zeeck, A. und Euler, S. (in preparation). Mentalisierungsbasierte Therapie für die Behandlung von Essstörungen (MBT-ED). Stuttgart: Klett-Cotta.

Zeeck, A., Flößer, K. und Euler, S. (2018). Mentalisierungsbasierte Therapie für Essstörungen. Psychotherapeut. https://doi.org/10.1007/s00278-018-0273-5.

Zimmermann, J., Brakemeier, E.-L. und Benecke, C. (2015). Alternatives DSM-5-Modell zur Klassifikation von Persönlichkeitsstörungen. Psychotherapeut, 60 (4), 269-279.

Zipfel, S., Giel, K. E., Bulik, C. M., Hay, P. und Schmidt, U. (2015). Anorexia nervosa: aetiology, assessment, and treatment. The Lancet Psychiatry, 2(12), 1099-1111.

Sachwortverzeichnis